사회평론

글 사회평론 과학교육연구소
대학에서 오랫동안 과학을 연구한 전문가들이 모여, 우리 아이들이 쉽고 재미있게 공부할 수 있는 책을 만들고 있습니다.

글 김형진 (사회평론 과학교육연구소 연구원)
연세대학교 천문대기과학과를 졸업하고 같은 대학교 대학원에서 석사, 박사 학위를 받았습니다. 과학자를 꿈꾸는 아이들에게 올바른 과학 개념과 과학적 태도를 함께 키울 수 있는 방법을 전달하기 위해 노력하고 있습니다. 현재 사회평론 과학교육연구소 연구원으로 과학책을 만들고 있습니다.

글 이명화 (사회평론 과학교육연구소 연구원)
서울대학교 물리교육과를 졸업하고 같은 대학교 대학원에서 석사, 박사 학위를 받았습니다. 10여 년간 중학교에서 과학을 가르쳤으며, 미국 아리조나 주립대에서 물리학으로 박사 학위를 받고 독일, 미국, 영국에서 연구원으로 근무하였습니다. 쉽고 재미있는 과학책을 쓰는 일에 관심을 갖고 있으며, 현재 사회평론 과학교육연구소 연구원으로 과학책을 만들고 있습니다.

글 설정민 (사회평론 과학교육연구소 연구원)
서울대학교 생물학과를 졸업하고 같은 대학교 대학원에서 석사 학위를 받은 뒤 박사 과정을 수료하였습니다. 아이에게 과학을 쉽고 재미있게 얘기해 주려 노력하다 보니 어린이를 위한 책을 만드는 일에도 관심을 가지게 되었습니다. 현재 사회평론 과학교육연구소 연구원으로 과학책을 만들고 있습니다.

글 이현진 (사회평론 과학교육연구소 연구원)
상명대학교에서 생물학과를 졸업하고 열린사이버대학교에서 심리학을 공부했습니다. 서울의대유전체의학연구소에서 연구원으로 있었으며, 와이즈만영재교육연구소와 아이스크림미디어에서 다수의 과학콘텐츠를 개발했습니다.

그림 김인하
시각디자인을 전공하고 1999년 월간지에 만화를 연재하며 작품 활동을 시작하였습니다. 《건방진 우리말 달인》, 《똑똑한 어린이 대화법》 등에 그림을 그렸습니다. 이 책을 읽는 어린이들의 밝은 미래를 기원합니다.

그림 뭉선생
2004년 LG 동아 국제만화 공모전에 입상하며 작품 활동을 시작했습니다. 그린 책으로 《조지의 우주를 여는 비밀 열쇠》 시리즈, 《용선생 만화 한국사》 시리즈, 《용선생 처음 한국사》 시리즈, 《용선생 처음 세계사》 시리즈 등이 있습니다.

그림 윤효식
2002년 《소년 챔프》에 〈신검〉으로 데뷔하여 어린이에게 유익한 학습 만화를 그리고 있습니다. 그린 책으로 《마법천자문 사회원정대》 시리즈, 《용선생 만화 한국사》 시리즈, 《용선생 처음 한국사》 시리즈, 《용선생 처음 세계사》 시리즈 등이 있습니다.

감수 맹승호
서울대학교 지구과학교육과를 졸업하고 한국교원대학교 과학교육과 대학원에서 석사, 서울대학교 과학교육과 대학원에서 박사 학위를 받았습니다. 현재 서울교육대학교 과학교육과 교수로 재직 중입니다. 대화를 이용한 과학 학습에 많은 관심을 가지고 있습니다. 함께 지은 책으로 《일곱 빛깔 지구과학》, 《주말 지질 여행》 등이 있습니다.

캐릭터 이우일
홍익대학교에서 시각디자인을 공부한 만화가입니다. 그림책 작가인 아내 선현경, 딸 은서, 고양이 카프카와 함께 그림을 그리고 글을 쓰며 살고 있습니다. 지은 책으로 《우일우화》, 《옥수수빵파랑》, 《좋은 여행》, 《고양이 카프카의 고백》 등이 있고, 그린 책으로 《노빈손》 시리즈, 《용선생의 시끌벅적 한국사》 시리즈, 《교양으로 읽는 용선생 세계사》 시리즈 등이 있습니다.

용선생의 시끌벅적 과학교실

지구와 달

글 **사회평론 과학교육연구소** | 그림 **김인하·뭉선생·윤효식** | 감수 **맹승호** | 캐릭터 **이우일**

달의 뒷면엔 뭐가 있을까?

사회평론

프롤로그

여러분, 안녕? 과학반을 맡은 용선생이야. 내 명성은 익히 들어 봤겠지? 역사반과 세계사반을 모두 훌륭하게 성공시키며 방과 후 교실 최고의 인기 교사가 된 그 용선생이란다. 교장 선생님께서 특별히 부탁하셔서 이번에는 과학반을 맡게 되었어. 어찌나 사정을 하시던지 도무지 거절할 수가 없었지 뭐야. 그래서 이 몸이 깜짝 놀랄 수업을 준비했단다.

우리의 수업은 언제나 질문과 함께 출발해. 세상을 둘러보다가 누군가 "저건 왜 그래요?" 하고 질문하면 바로 그 순간 수업이 시작되는 거지. 이제부터 용선생의 시끌벅적 과학교실을 제대로 즐기는 방법을 하나씩 알려 줄게.

첫째, 과학반 친구들과 함께 호기심을 갖고 질문해 봐. 과학을 어렵게만 생각하지 말고, 매 교시마다 아이들이 어떤 호기심을 가지는지 관심을 가져 봐. 과학반 친구들과 함께 '왜 그럴까?', '어떻게 알아낼 수 있을까?' 고민하다 보면 어렵던 과학도 쉽게 느껴질 거야.

둘째, 어려운 내용은 사진과 그림으로 이해해 봐. 어려운 과학 개념과 원리를 한 장의 사진이나 그림을 통해 단숨에 이해할 수도 있어. 그래서 너희를 위해 사진과 그림을 많이 준비했단다. 글을 읽다가 어렵다 싶으면 옆에 있는 사진과 그림을 봐. 잘 이해되지 않던 내용이 틀림없이 술술 이해될 거야.

셋째, 배운 내용을 되새기며 머릿속에 정리해 봐. 왁자지껄한 수업을 마치고 나면 뭘 배웠는지 정리가 안 될 때도 있을 거야. 그럴 때를 대비해 중간중간 핵심 정리를 준비했어. 또 배운 내용을 4컷 만화로 재미있게 요약해 두었지. 게다가 교시가 끝날 때마다 나선애의 정리노트도 마련했단다. 이 정도면 학습 정리는 문제없겠지?

과학은 분야도 다양하고 배울 내용도 아주 많아. 쉽게 이해할 수 있는 부분도 있지만, 여러 번 곰곰이 생각해 봐야 알 수 있는 부분도 있지. 이 책을 여러 번 다시 읽다 보면 구석구석 빠짐없이 모두 이해될 거야.

자, 이제 용선생의 시끌벅적 과학교실을 제대로 즐길 준비가 됐겠지? 그럼 신나는 수업을 시작해 볼까?

차례 | 지구와 달

1교시 | 지구의 모양

지구는 정말로 둥글까?

지구가 틀림없이 둥글다고? ··· 13
지구가 둥글다는 또 다른 증거 ··· 15
지구가 평평하다면 있을 수 없는 일 ··· 17
지구가 둥글다는 가장 확실한 증거는? ··· 21

나선애의 정리노트 ··· 24
과학퀴즈 달인을 찾아라! ··· 25
용선생의 과학 카페 ··· 26
 - 지구가 평평하게 느껴지는 이유

교과연계
초 3-1 지구의 모습 | 중 2 태양계

3교시 | 지구의 공전

계절마다 보이는 별자리가 다른 까닭은?

지구는 자전만 하는 게 아냐 ··· 49
지구가 공전해서 일어나는 일 ··· 51
1년의 길이는 어떻게 정해졌을까? ··· 56

나선애의 정리노트 ··· 60
과학퀴즈 달인을 찾아라! ··· 61

교과연계
초 6-1 지구와 달의 운동 | 중 2 태양계

2교시 | 지구의 자전

하루의 길이는 어떻게 정해졌을까?

하루의 길이는 이렇게 정해졌어 ··· 31
지구가 몇 번 자전했는지 어떻게 알까? ··· 34
지구가 자전해서 나타나는 현상 ··· 36
지구가 자전한다면 왜 느낄 수 없지? ··· 41

나선애의 정리노트 ··· 44
과학퀴즈 달인을 찾아라! ··· 45

교과연계
초 6-1 지구와 달의 운동 | 중 2 태양계

4교시 | 달의 표면

달과 지구의 표면은 비슷할까?

달의 바다, 정체를 밝혀라! ··· 64
달의 바다는 어떻게 생겨났을까? ··· 68
달의 대륙에는 구덩이가 송송 ··· 72
달에 공기가 없어서 일어나는 일 ··· 75

나선애의 정리노트 ··· 78
과학퀴즈 달인을 찾아라! ··· 79
용선생의 과학 카페 ··· 80
  - 바닷속 깊은 곳과 높은 하늘 위에는?

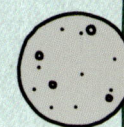

교과연계
초 3-1 지구의 모습 | 중 2 태양계

5교시 | 달의 특성

달의 뒷면은 어떻게 생겼을까?

달의 한쪽 면만 볼 수 있는 까닭 ··· 85
달의 실제 크기는? ··· 88
해를 삼킨 달 ··· 90

나선애의 정리노트 ··· 94
과학퀴즈 달인을 찾아라! ··· 95
용선생의 과학 카페 ··· 96
  - 달 탐사의 역사

교과연계
초 6-1 지구와 달의 운동 | 중 2 태양계

6교시 | 달의 모양 변화와 음력

할아버지의 생신은 왜 해마다 달라질까?

달은 변신의 달인 ··· 101
음력은 무엇일까? ··· 106
음력을 계속 쓰긴 힘들어 ··· 110
왜 아직도 음력을 쓸까? ··· 112

나선애의 정리노트 ··· 116
과학퀴즈 달인을 찾아라! ··· 117
용선생의 과학 카페 ··· 118
  - 밀물과 썰물이 달 때문이라고?

교과연계
초 6-1 지구와 달의 운동 | 중 2 태양계

가로세로 퀴즈 ··· 120
교과서 속으로 ··· 122

찾아보기 ··· 124
퀴즈 정답 ··· 125

등장인물

용쓴다 용써!
용선생

체력 ★★★
지력 ★★★★★
감성 ★★★
호기심 ★★★★★
유머 ★★

열정이 가득한 과학 선생님. 하늘을 향해 거침없이 솟은 머리카락과 삐죽삐죽한 수염이 매력 포인트. 생생한 과학 수업을 하기 위해 물불을 가리지 않는다.

장하다 장해!
장하다

체력 ★★★★★
지력 ★
감성 ★★★★
호기심 ★★★★★
유머 ★★★★

'튼튼하게만 자라 다오.'라는 아버지의 소원대로 튼튼하게 자랐다. 성격은 일등, 성적은 비밀이다. 시험을 못 봐도 씩씩하고 엉뚱한 질문으로 수업에 활력을 준다.

오늘도 나선다!
나선애

체력 ★★★★
지력 ★★★★
감성 ★★★
호기심 ★★★★★
유머 ★★★

과학자를 꿈꾸는 우등생. 공부도 잘하고 아는 게 많아서 모든 일에 앞장서는 타입이다. 겉으로는 차가워 보이지만 내심 따뜻한 면도 가지고 있다. 전혀 티가 안 나서 그렇지.

잘난 척 대장
왕수재

체력 ★★★
지력 ★★★★
감성 ★
호기심 ★★★★★
유머 ★

세상에서 자기가 제일 잘난 줄 안다. '천재는 외로운 법이고 질투의 대상인 법'이라나. 친구들에게 깐족거리는 데에도 천재적이다. 그래도 수업에는 늘 적극적으로 참여한다.

낭만 가득
허영심

체력 ★★★★★
지력 ★★★
감성 ★★★★★
호기심 ★★★★★
유머 ★★

감성이 풍부해도 너무 풍부하다. 떨어지는 낙엽이나 밤하늘의 별을 보며 눈물짓고, 조그만 벌레와 대화를 나누는 사차원 성격. 하지만 누구보다 정이 많고 낭만적이다.

과학반 귀염둥이
곽두기

체력 ★★★
지력 ★★★★
감성 ★★★★
호기심 ★★★★★
유머 ★★★★

형과 누나들의 귀여움을 독차지하는 과학반 막내. 나이도 가장 어리고 타고난 동안이라 언뜻 보면 유치원생 같다. 훈장 할아버지 덕에 어려운 단어를 줄줄 꿰고 있다.

우리를 찾아봐!

지구
우리가 살고 있는 행성으로, 자전과 공전을 해.

태양
태양계 중심에 있는 별로, 지구도 태양 둘레를 돌아.

오리온자리
겨울철에 볼 수 있는 대표적인 별자리야.

달
지구 주위를 도는 위성으로, 날마다 모양이 조금씩 변해.

유성체
우주를 떠도는 크고 작은 돌덩이야.

1교시 | 지구의 모양

지구는 정말로 둥글까?

교과연계

초 3-1 지구의 모습
중 2 태양계

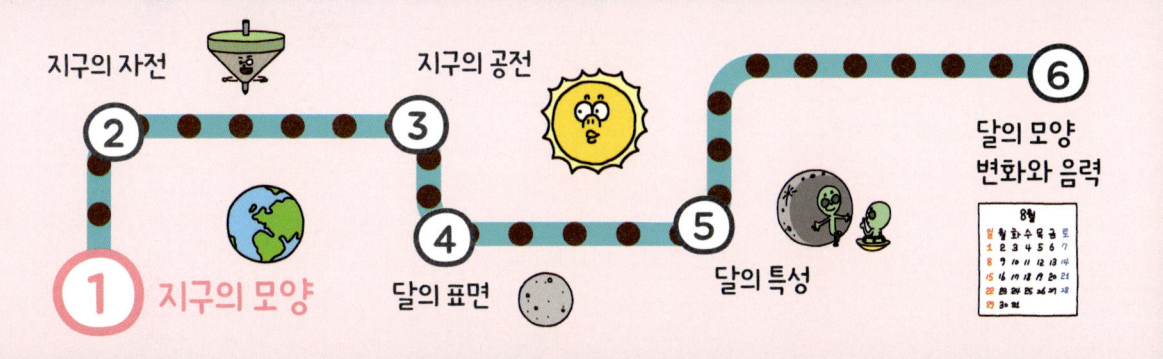

"어? 지구본이네? 선생님, 지구본 새로 사셨어요?"

"오늘 수업을 위해 특별히 준비했지. 너희 지구가 어떻게 생겼는지 알고 있니?"

"헐, 당연하죠! 이 지구본처럼 둥글게 생겼잖아요."

"설마 저희가 지구가 둥글다는 것도 모르겠어요?"

아이들이 툴툴대는 가운데 나선애가 물었다.

"근데요, 사람들이 지구가 둥글다는 걸 안 게 언제부터예요?"

"고대 그리스 시대부터라고 알려져 있지. 그건 왜?"

나선애가 고개를 갸웃거렸다.

"옛날 사람들은 지구가 둥글다는 걸 대체 어떻게 알았을까요?"

지구가 틀림없이 둥글다고?

용선생은 흠흠 하고 목을 가다듬고는 설명을 시작했다.

"평소에 지구가 둥글다는 걸 느끼는 사람, 손?"

아이들은 아무도 손을 들지 않았다.

"하하, 평소에 지구가 둥글다는 걸 직접 느끼기는 어려워. 길이나 건물 바닥, 운동장 등 우리가 밟고 다니는 땅은 늘 평평해 보이니 말이야. 그래서 지구도 평평하다고 생각할 수 있지. 옛날 사람들도 처음엔 당연히 지구가 평평하다고 생각했고."

"그렇군요."

"하지만 지구가 평평하다면 도저히 일어날 수 없는 현상들이 하나둘씩 발견되었어. 그래서 사람들은 점점 지구가 둥근 게 아닐까 하는 의문을 품기 시작했지."

"어떤 현상이요?"

"바로 월식이야. 월식 때 보이는 지구의 그림자가 둥근 모양이거든."

"월식이요?"

"일단 월식이 무엇인지부터 알아보자. 월식은 지구의 그림자가 달을 가리는 현상이야. 그림으로 한번 볼까?"

 나선애의 과학 사전

월식 달 월(月) 갉아먹을 식(蝕). 태양과 지구, 달이 일직선으로 늘어섰을 때 달이 지구의 그림자 속에 들어가 일부 또는 전체가 보이지 않는 현상이야.

용선생은 달 사진을 가리키며 설명을 이었다.

"사진을 보면 월식이 일어날 때 달 표면에 진 지구의 그림자를 볼 수 있어."

"저기 검은 부분이 지구의 그림자인가 보네요. 약간 둥근 모양이에요."

"한눈에 봐도 그렇지? 이걸 처음으로 알아낸 사람은 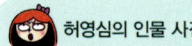야. 아리스토텔레스는 달 표면에 진 지구 그림자의 가장자리 모양이 곡선이라는 점을 근거로 지구가 둥글다고 주장했어. 관찰을 통해 최초로 지구의 모양이 둥글다고 주장한 사람이 바로 아리스토텔레스이지."

"정말 똑똑한 사람이었네요."

허영심의 인물 사전

아리스토텔레스 (기원전 384년~기원전 322년) 고대 그리스의 철학자야. 알렉산드로스 대왕의 스승이기도 했지.

"그런데 아리스토텔레스는 이 한 가지 사실만 가지고 지구가 둥글다고 주장한 게 아니란다."

"그럼 또 뭐가 있어요?"

아리스토텔레스는 월식 때 달에 진 지구 그림자가 둥글다는 것을 관찰하고는 지구가 둥글다고 주장했어.

 ## 지구가 둥글다는 또 다른 증거

"아리스토텔레스가 내놓은 또 다른 증거를 보여 줄게. 이 그림을 보렴."

"배가 멀리 떠나는 모습이네요."

"맞아. 항구를 떠나는 배의 모습이야. 배가 점점 어떻게 되지?"

"먼 바다로 나갈수록 점점 아래쪽으로 사라져요. 그러다 결국 바다에 완전히 가려져 안 보이게 되네요. 꼭 바다에 가라앉는 것처럼요."

"그렇지. 만약 지구가 평평하다면 항구를 떠난 배는 크기만 점점 작아질 뿐 아무리 멀어져도 전체 모습이 다 보여야 해."

"그러게요! 지구가 평평하다면 배가 아래로 사라지지 않고 계속 보여야 하잖아요."

"맞아. 하지만 실제로는 배의 아랫부분부터 점점 보이지 않다가 결국엔 배 전체가 보이지 않게 돼. 이건 지구가 둥글지 않으면 도저히 일어날 수 없는 현상이지."

"우아, 생각해 보니 정말 그래요!"

아이들이 감탄하자 용선생이 말을 이었다.

"아리스토텔레스는 월식 때 달에 진 지구 그림자 모양이 둥글다는 사실과, 항구에서 배가 떠날 때 배가 아래로 점점 사라지는 현상을 들면서 지구는 둥근 모양이라고 주장했어."

"이렇게 관찰만으로 지구가 둥글다는 걸 알아내다니 대단하네요."

"그렇지? 그래도 대부분의 사람들은 여전히 지구가 평평하다고 생각했어. 하지만 시간이 흐를수록 지구가 평평하다면 도저히 일어날 수 없는 현상들이 더 많이 발견되었고, 사람들의 생각도 바뀌어 갔지."

 핵심정리

항구를 떠난 배가 멀어질수록 점점 바다 아래쪽으로 사라지는 것은 지구가 둥글기 때문에 나타나는 현상이야.

 **지구가 평평하다면 있을 수 없는 일**

"또 어떤 현상이 발견되었는데요?"

곽두기의 낱말 사전

일출 해 일(日) 나올 출(出). 해돋이를 말해.

"하하, 잘 들어 봐. 해마다 1월 1일이면 사람들이 동해로 몰려가곤 해. 아침 해가 뜨는 걸 보기 위해서 말이야."

"맞아요. 저희 가족도 올해 동해에 다녀왔어요"

"하하. 그 이유도 지구가 둥근 것과 관련이 있어. 사람들이 일출을 보러 굳이 동해까지 가는 이유는 뭘까?"

"그야 해가 동쪽에서 뜨니까 그런 거 아니에요?"

"정확히 말하면 새해를 맞아서 평소보다 조금이라도 빨리 일출을 맞이하려는 거야. 동쪽으로 갈수록 해가 더 빨리 뜨거든. 여기서 중요한 건 해가 동쪽에서 뜬다는 게 아니라, 해가 뜨는 시각이 지역에 따라 다르다는 점이야."

"해 뜨는 시각이 어떻게 다른데요?"

"동해안에 있는 정동진은 서울보다 약 7분 일찍 해가 뜨고, 우리나라 동쪽 끝에 있는 울릉도는 서울보다 약 16분 일찍 해가 뜨지."

"오호, 정말로 해가 뜨는 시각이 다르네요. 근데 그게 지구가 둥근 거랑 무슨 상관이죠?"

동쪽으로 갈수록 해가 빨리 떠.

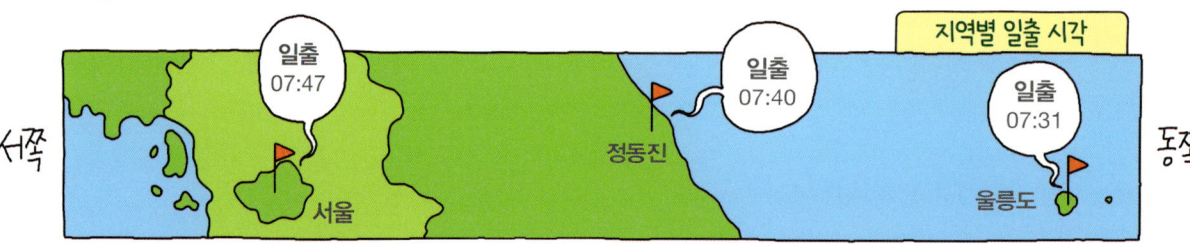

지역별 일출 시각

▲ 해 뜨는 시각이 지역에 따라 다른 이유는 지구가 둥글기 때문이야.

"만약 지구가 평평하다면 일출 시각은 어디나 같아야 해. 그런데 지역에 따라 일출 시각이 다르다는 건……."

"지구가 둥글기 때문인가요?"

"맞아. 한 가지만 더 알아볼까? 지구가 둥글다는 걸 보여 주는 현상 중에는 별과 관련된 것도 있어. 너희 남반구와 북반구에서 볼 수 있는 별이 서로 다르다는 거 아니?"

"북반구와 남반구요?"

"아, 그것부터 설명해 줘야겠구나. 지구본을 다시 보자. 중간에 가로로 그어진 선 있지? 이게 바로 지구의 남쪽과 북쪽을 가르는 적도야. 물론 실제로 이런 선이 있는 건 아니고, 상상으로 만들어 낸 거지."

"실제로 선이 있는 건 아니군요."

> **나선애의 과학 사전**
>
> **별** 우주에 존재하는 물체를 통틀어 천체라 하는데, 이 중 스스로 빛을 낼 수 있는 천체를 별이라고 해. 지구에서 가장 가까운 별이 바로 태양이야.

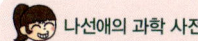

"맞아. 지구에서 적도의 북쪽 부분을 북반구, 남쪽 부분을 남반구라고 해. 우리나라는 북반구에 있지."

"알겠어요. 그래서 북반구와 남반구에서 볼 수 있는 별이 왜 다른데요?"

"지구가 평평하다면 어디서든 똑같은 별자리가 보일 거야. 지구상에 있는 사람들이 하늘을 올려다보는 방향이 모두 같을 테니까. 하지만 지구가 둥글다면 북반구에서 올려다보는 하늘과 남반구에서 올려다보는 하늘의 방향이 전혀 다르겠지."

▲ **평평한 지구** 지구 어디서나 똑같은 별이 보여.

▲ **실제 지구** 지역에 따라 보이는 별이 달라.

"지구가 평평하지 않고 둥글기 때문에 북반구와 남반구에서 볼 수 있는 별이 달라지는 거군요."

"지구가 둥글다는 사실을 보여 주는 현상이 이렇게나 많다니!"

장하다가 감탄하자 왕수재가 피식 웃으며 말했다.

"그래도 옛날 사람들은 지구가 평평하다고 믿었잖아. 혹시 알아? 지금도 그런 사람이 있을지."

"에이, 설마!"

지역에 따라 해 뜨는 시각이 다르고, 남반구와 북반구에서 볼 수 있는 별이 다른 까닭은 지구가 둥글기 때문이야.

 ## 지구가 둥글다는 가장 확실한 증거는?

"그래서 내가 지구가 둥글다는 가장 확실한 증거를 준비했지."

"가장 확실한 증거요? 그게 뭔데요?"

"바로 우주로 나가서 지구를 찍은 사진이야. 정말 더 이

▲ 아폴로 8호가 찍은 지구 모습

상 말이 필요 없는 증거 아니겠니? 자, 인류 최초로 지구의 모습을 선명하게 찍은 사진을 보렴."

아이들은 용선생이 띄운 사진을 바라보았다.

"우아, 이게 최초로 우주에서 지구를 찍은 사진이군요."

"그래. 아폴로 8호는 1960년대에 미국에서 우주로 쏘아 보낸 여러 우주선 중 하나야. 아폴로 8호는 우주에서 지구와 달 주위를 돌며 지구의 모습을 사진으로 남겼지."

"그런데 지구의 모양이 좀 이상한데요?"

"지구는 스스로 빛을 내지 못하기 때문에 우주에서 보면 태양 빛을 받는 부분만 밝게 보여. 아폴로 8호가 찍을 때에는 아쉽게도 태양 빛을 받지 못한 부분이 있어서 전체 모습이 제대로 찍히지 않았지."

용선생은 새로운 사진을 띄우며 말을 이었다.

"하지만 1972년 아폴로 17호가 드디어 완전한 지구의 모습을 촬영하는 데 성공했어."

"우아!"

아이들은 자주 보던 지구 사진인데도 새삼스레 감탄하며

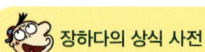
장하다의 상식 사전

아폴로 1960년대에 미국에서 진행했던 달 탐사 계획이야. 1967년의 아폴로 1호부터 1972년의 아폴로 17호까지 많은 우주선을 지구 밖으로 쏘아올렸지.

▲ 아폴로 17호가 촬영한 지구

유심히 쳐다보았다.

"이게 최초로 지구가 완전하게 찍힌 사진이군요."

"지구가 둥글다는 건 정말 틀림이 없네요."

"하하, 그렇지?"

그때 나선애가 말했다.

"저는요, 빨리 우주여행을 하고 싶어요. 우주에서 지구의 모습을 직접 확인해 보게요. 이렇게 사진으로 말고 제 두 눈으로 직접 말이에요."

모두들 우주여행을 상상하며 미소를 지었다.

 핵심정리

오늘날 우주에서 찍은 지구의 모습을 직접 볼 수 있게 되면서 지구가 둥근 모양이라는 것이 확실히 밝혀졌어.

나선애의 정리노트

1. 지구의 모양
① 옛날 사람들이 생각한 모양: 평평한 모양
② 실제 모양: ⓐ 처럼 둥근 모양

2. 지구가 둥글다는 증거
① 아리스토텔레스는 다음 두 현상을 보고 지구가 둥글다고 주장함.
- ⓑ 때 달 표면에 진 지구 그림자 모양이 둥긂.
- 항구에서 멀어지는 배는 ⓒ 부터 보이지 않음.

② 지역에 따라 ⓓ 가 뜨는 시각이 다름.
③ 남반구와 북반구에서 볼 수 있는 ⓔ 이 다름.
④ 오늘날에는 우주에서 찍은 지구의 사진을 보고 지구가 둥글다는 것을 직접 확인할 수 있음.

ⓐ 공 ⓑ 월식 ⓒ 아랫부분 ⓓ 해 ⓔ 별

 과학퀴즈 달인을 찾아라!

●정답은 125쪽에

01

친구들이 이번 시간에 배운 내용에 대해 이야기하고 있어. 옳으면 O, 옳지 않으면 X를 표시해 줘.

① 서쪽으로 갈수록 해가 빨리 뜨는 걸로 보아 지구는 둥근 모양이야.
 (   )
② 지구는 우리가 느끼는 대로 평평한 모양이야. (   )
③ 북반구와 남반구에서 볼 수 있는 별이 다른 까닭은 지구의 모양이 둥글기 때문이야. (   )

02

곽두기가 과학관에 가는 길을 찾고 있어. 실제 지구와 비슷한 모양의 물체를 따라가면 무사히 도착할 수 있대. 곽두기에게 바른 길을 알려 줘.

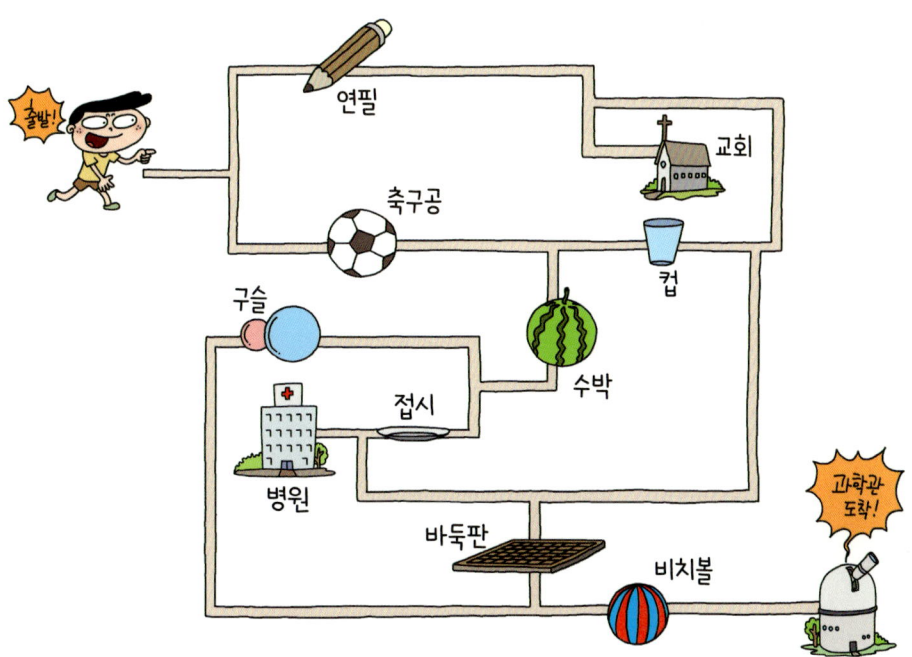

https://cafe.naver.com/yongyong

용선생의 과학 카페

과학계의 핵인싸,
용선생의 과학 카페에
오신 걸 환영합니다.

Log in

MENU

물리면 아프다
화학이 화하하
생물 오징어
지구는 둥글다

지구가 평평하게 느껴지는 이유

 선생님, 지구는 둥근데 왜 땅은 평평해 보여요?

 맞아요. 넓은 평야 같은 곳에 가도 땅 끝부분이 둥글게 보이지는 않잖아요?

 좋은 질문이야. 이렇게 생각해 볼까? 조그맣게 분 풍선 위에 개미 한 마리가 있어. 풍선이 작을 때에는 개미도 풍선이 둥근 모양이라는 걸 쉽게 알아차릴 수 있겠지. 하지만 풍선에 바람을 계속 불어넣어 풍선이 점점 커진다면 어떨까?

풍선이 커질수록 둥근 모양이 점점 완만해지겠네요.

 그렇지. 풍선이 계속 커지다 보면 개미가 풍선의 전체 모양을 알아차리기 어려워질 거야. 그렇게 되면…….

 개미는 자기가 있는 곳이 평평하다고 생각하겠네요!

 맞았어. 풍선을 지구, 개미를 사람이라고 생각해 봐. 지구는 사람에 비해 엄청나게 커서 사람은 평소에 지구가 둥글다는 걸 느낄 수 없어.

 지구가 얼마나 큰데요?

 지구의 지름은 약 12,700 km야. 사람의 키를 2 m라고 잡아도 무려 635만 배나 되지.

지름 약 12,700 km

 헐! 지구본에 사람을 표시하려면 조그마한 점보다도 작아야 하겠어요.

 이제 지구가 평평해 보이는 이유를 잘 알겠지?

장하다의 오답을 피하는 방법

나선애의 야무진 실험실

왕수재의 아는 척 과학교실

허영심의 별 헤는 밤

곽두기의 빅뱅 따라잡기

COMMENTS

 역시 보이는 대로만 믿으면 안 된다니까.

 ㄴ 맞아. 내 시험 점수도 보이는 대로 믿으면 안 돼.

 ㄴ 그건 보이는 대로 믿는 게 맞다고 봐.

2교시 | 지구의 자전

하루의 길이는 어떻게 정해졌을까?

벌써 해가 져요. 오늘 하루도 끝나가네요.

하루가 더 길어질 순 없나요?

"오늘도 과학 수업 마치고 바로 학원에 가야 돼."

"학교 마치면 학원, 학원 마치면 숙제. 도대체 놀 틈이 없다니까."

"하루가 더 길면 좋을 텐데. 숙제 마치고 나서 놀 시간도 좀 있게 말이야."

그때 용선생이 방긋 웃으면서 과학실로 들어왔다.

"오늘도 즐거운 과학 시간이 돌아왔구나. 그런데 하루가 더 길었으면 좋겠다고?"

"네. 하루의 길이를 더 늘이면 안 돼요?"

"하하! 하루가 너무 짧아서 불만이구나. 그런데 어쩌지? 하루의 길이는 지구의 움직임에 맞춰 정해진 거라 마음대로 바꿀 수 없거든."

"그게 무슨 말이에요?"

하루의 길이는 이렇게 정해졌어

"하루의 길이는 바로 지구의 자전과 관계가 있어."

"자전이요? 들어보긴 했는데……."

"자전은 스스로 자(自), 구를 전(轉) 자를 써서 스스로 돈다는 뜻이야. 보통 지구가 스스로 뱅글뱅글 도는 현상을 가리키지."

"피겨 스케이팅 선수가 제자리에서 회전하는 것처럼 말이죠?"

허영심이 제자리에서 뱅그르르 돌며 말했다.

"그렇지. 지구는 하루에 한 번씩 자전축을 중심으로 서쪽에서 동쪽으로 자전을 해."

"자전축이요? 그게 뭔데요?"

"지구가 자전하는 데 중심이 되는 축이야. 먼저 지구의 남극과 북극을 직선으로 연결한 축이 있다고 상상해 봐."

"지구본에 있는 막대기처럼요?"

"그래. 실제로 이런 막대기가 있는 건 아니지만 말이지."

 곽두기의 낱말 사전

회전 돌 회(回) 맴돌 전(轉). 한 점이나 선을 중심으로 물체가 빙빙 도는 걸 말해.

 곽두기의 낱말 사전

축 회전의 중심이 되는 긴 막대야.

용선생은 지구본의 막대기를 가리키며 설명했다.

"지구를 뚫고 남극과 북극을 연결하는 상상의 축을 자전축이라고 해. 지구는 자전축을 중심으로 서쪽에서 동쪽으로 돌고 있어."

용선생은 지구본에서 우리나라 서쪽에 있는 중국을 짚은 뒤 우리나라 쪽으로 휙 돌렸다.

"그런데 바라보는 위치에 따라 지구의 자전 방향을 다르게 말하기도 해. 북극 위에서 바라볼 때에는 지구가 서쪽에서 동쪽으로 돈다고 하지 않고 반시계 방향으로 돈다고 하지."

아이들이 고개를 끄덕이자 용선생이 물었다.

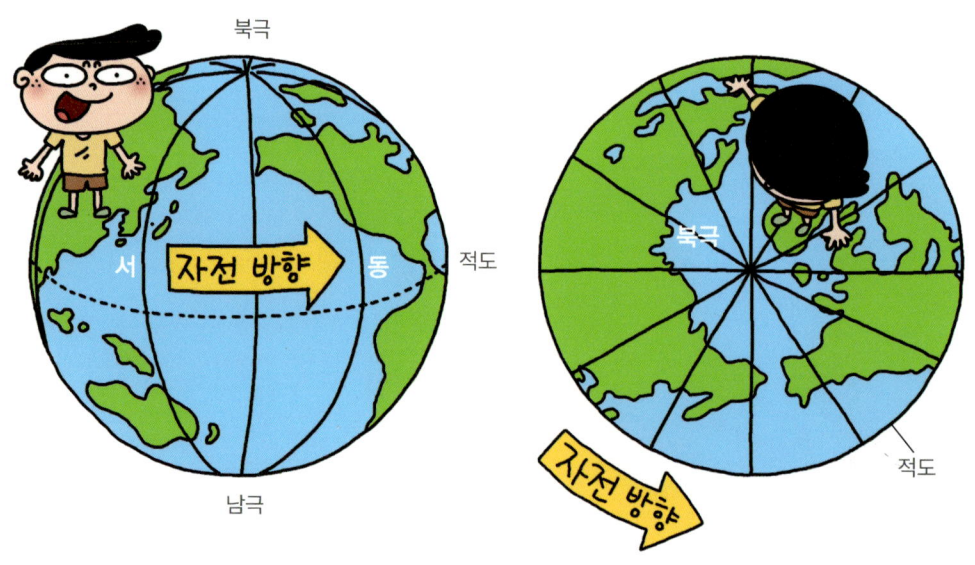

▲ 옆에서 바라볼 때 지구는 서쪽에서 동쪽으로 자전해.

▲ 북극 위에서 바라볼 때 지구는 반시계 방향으로 자전해.

"지구가 한 번 자전하는 데 시간이 얼마나 걸릴까?"

"좀 전에 하루에 한 번 자전한다고 하셨잖아요."

"오! 설명을 잘 듣고 있었구나. 맞아. 지구가 자전한다는 사실이 밝혀지기 전에도 사람들은 하루를 구분하며 살았어. 보통 해가 뜰 때부터 다음 해가 뜰 때까지를 하루로 보았지."

용선생은 갑자기 목소리를 낮추며 말했다.

"그런데 지구가 자전한다는 사실이 밝혀지자 사람들은 지구가 한 번 자전하는 데 걸리는 시간이 바로 하루라는 걸 깨달았지."

"그런데 옛날에도 지구가 자전하는 데 걸리는 시간이 지금이랑 같았어요?"

"좋은 질문이야. 사실 완전히 똑같다고 할 수는 없어. 지구가 한 번 자전하는 데 걸리는 시간은 10만 년에 1.6초 정도 늘어나고 있으니까."

"10만 년에 1.6초요?"

"그래. 달이 지구 주위를 돌며 지구를 당기고 있어서 지구의 자전을 아주 조금씩 방해하거든. 하지만 별로 차이가 없으니까 그냥 무시해도 돼."

그 말을 들은 장하다가 한숨을 푹 쉬면서 말했다.

"어휴! 10만 년이 지나야 겨우 1.6초 늘어난다니, 하루가 늘어나길 기다리는 건 포기해야겠네요."

핵심정리

지구는 하루에 한 번 자전축을 중심으로 서쪽에서 동쪽으로 도는데, 이것을 자전이라고 해.

지구가 몇 번 자전했는지 어떻게 알까?

"그런데 지구가 몇 번 자전했는지 어떻게 알아요?"

"오! 똑똑한 질문이야. 이렇게 생각해 보자. 코끼리코를 하고 돌 때 내가 몇 바퀴를 돌았는지 어떻게 세지?"

그러자 왕수재가 말했다.

"저는 앞에 보이는 물체를 기준으로 해요. 의자를 보고

돌기 시작해서 다시 의자가 보이면 한 바퀴로 세는 거죠."

"바로 그거야. 의자처럼 기준으로 삼을 수 있는 물체가 있으면 몇 바퀴를 돌았는지 쉽게 알 수 있지. 지구의 자전에서도 기준이 되는 물체가 있어. 그게 뭘까?"

"우주 공간에 그런 게 있어요?"

"인공위성인가?"

"아니야. 힌트를 주자면, 우주 멀리서 지구를 항상 비추고 있는……."

"아하, 태양이네요!"

"맞았어. 태양을 기준으로 삼으면 지구가 몇 번 자전했는지 정확히 알 수 있어. 또 지구가 한 번 자전하는 데 걸리는 시간도 잴 수 있지."

"어떻게요?"

"예를 들면, 태양이 정확히 남쪽에 떠 있을 때부터 시간이 지나 다시 태양이 정확히 남쪽에 올 때까지를 자전 한

▲ 지구가 몇 번 자전했는지 알아보는 방법 태양을 마주본 횟수를 세면 지구가 몇 번 자전했는지 알 수 있어.

바퀴로 보면 돼. 그동안 걸린 시간을 재면 되지."

"오, 그렇군요!"

핵심정리

태양을 기준으로 잡으면 지구가 자전한 횟수를 정확히 알 수 있어.

 ## 지구가 자전해서 나타나는 현상

"그래서 낮과 밤이 생긴단다. 지구가 자전하면서 태양을 바라보는 쪽은 낮이 되고, 태양을 등진 쪽은 밤이 되는 거

▲ **지구의 자전에 따른 낮과 밤** 태양을 바라볼 때에는 낮이 되고, 태양을 등지고 있을 때에는 밤이 돼.

지. 이건 지구 어디든 마찬가지야."

"아하! 그래서 낮에는 하늘에 태양이 떠 있는 거군요? 우리가 태양을 바라보는 쪽에 있으니까요."

"그렇지!"

용선생이 목을 가다듬고 말했다.

"만약 지구의 자전과 하루의 길이가 전혀 상관이 없다면 어떨까? 해 뜨는 시각이 매일 다를 거야."

"우아! 재미있을 것 같아요!"

장하다가 신나서 말하자 허영심이 핀잔을 주었다.

"어휴, 그러면 엄청 혼란스러울걸?"

"하하, 지금은 매일 해 뜨는 시각이 거의 일정해서 사람들이 시간을 사용하기가 편리하지. 계절에 따라 조금씩 달라지기는 하지만."

용선생이 갑자기 장난스런 표정을 지으며 물었다.

"여기서 퀴즈! 태양이 뜨는 방향은 어느 쪽일까?"

"그렇게 쉬운 걸 물으시다니! 당연히 동쪽이죠."

"하하, 무시해서 미안. 해가 동쪽에서 떠서 서쪽으로 지는 것도 지구의 자전으로 인해 일어나는 현상이야. 예를 들어, 기차를 타고 가다 보면 창밖에 가만히 있는 물체들이 마치 뒤로 가는 것처럼 보이지?"

아이들이 고개를 끄덕였다.

"기차가 실제로 움직이는 방향과 창밖 물체가 움직이는 걸로 보이는 방향은 서로 반대야. 기차가 앞으로 가면 창밖의 물체들이 뒤로 가는 것처럼 보이지."

"맞아요!"

"지구와 태양도 마찬가지야. 사실은 지구가 기차처럼 움직이고 있어. 태양을 창밖 물체라고 생각해 봐."

"어! 그러면 태양이 움직이는 걸로 보이겠네요."

"그렇지. 지구가 하루에 한 번 서쪽에서 동쪽으로 도니까, 태양은 그 반대로 동쪽에서 떠서 서쪽으로 지는 걸로 보이는 거야."

"아하, 그렇군요. 근데요, 우주에는 태양 말고 별들도 있잖

아요. 이 별들도 하루에 한 번 떴다 지는 걸로 보이나요?"

"맞아. 낮에는 태양이 너무 밝아서 다른 별들을 볼 수 없지만, 밤이 되면 수많은 별이 하늘에 떠오르지. 이 별들도 태양과 마찬가지로 하루에 한 번 동쪽에서 떠서 서쪽으로 진단다."

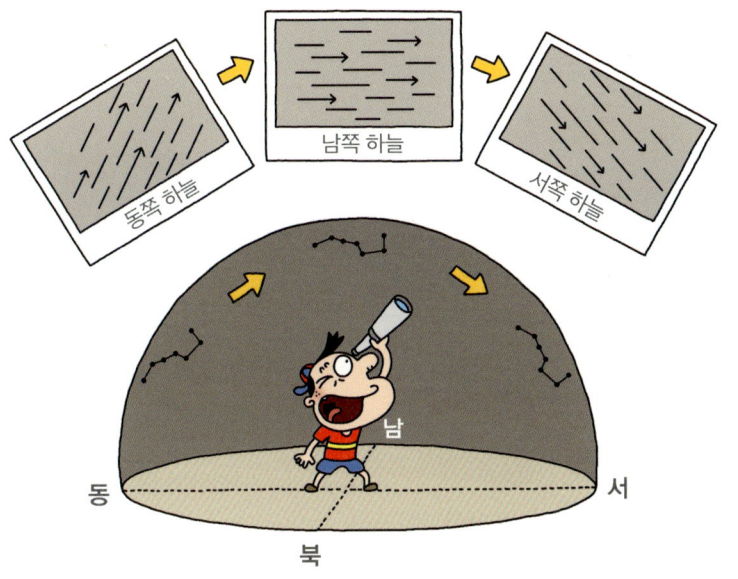

▲ **별의 움직임** 별들은 동쪽 하늘에서 떠서 남쪽 하늘을 지나 서쪽 하늘로 져.

 핵심정리

낮과 밤, 태양이나 별들이 하루에 한 번 동쪽에서 떠서 서쪽으로 지는 현상은 모두 지구의 자전으로 인해 생겨.

용선생의 시끌벅적 과학교실 **39**

밤하늘의 길잡이, 북극성

지구가 자전을 하니까 지구에서 볼 때 밤하늘의 별들이 움직이는 것으로 보여. 하지만 북반구의 밤하늘에 움직이지 않는 별이 딱 하나 있어. 바로 북극성이야. 북극성은 북극에서 자전축을 따라 올라간 곳에 있어서 뱅뱅 도는 지구에서도 계속 같은 위치에 있는 걸로 보이지. 따라서 북극성은 항상 북쪽 하늘에서 볼 수 있어. 그래서 옛날부터 사람들은 북극성을 보며 북쪽 방향을 찾았어.

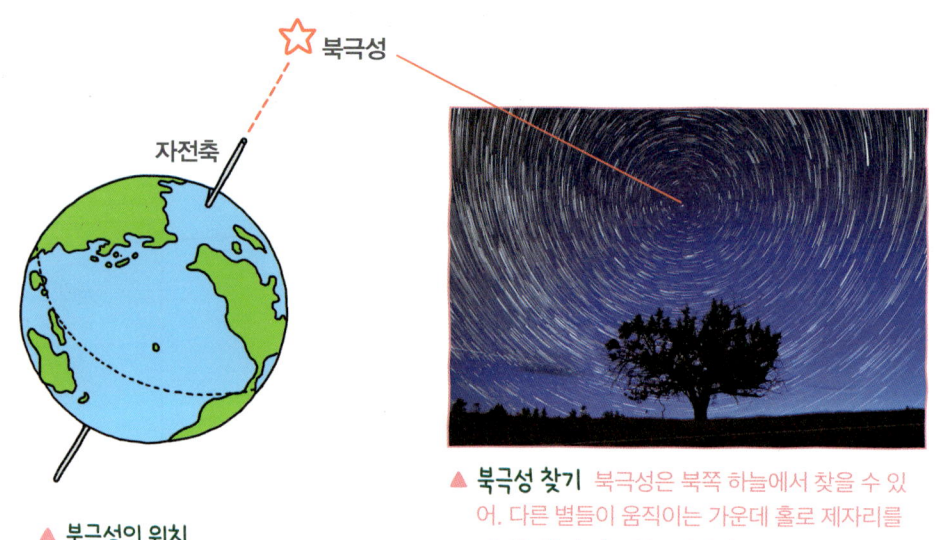

▲ 북극성의 위치

▲ **북극성 찾기** 북극성은 북쪽 하늘에서 찾을 수 있어. 다른 별들이 움직이는 가운데 홀로 제자리를 지키는 별이 바로 북극성이야.

지구의 자전축이 향하는 방향은 오랜 기간에 걸쳐 조금씩 변하고 있어. 언젠가는 북극 위에 있는 별이 달라질 거라는 얘기지. 약 1만 3000년 후에는 북극 위에 직녀성이라는 별이 위치하게 된대. 그때는 직녀성을 북극성이라 부르겠지?

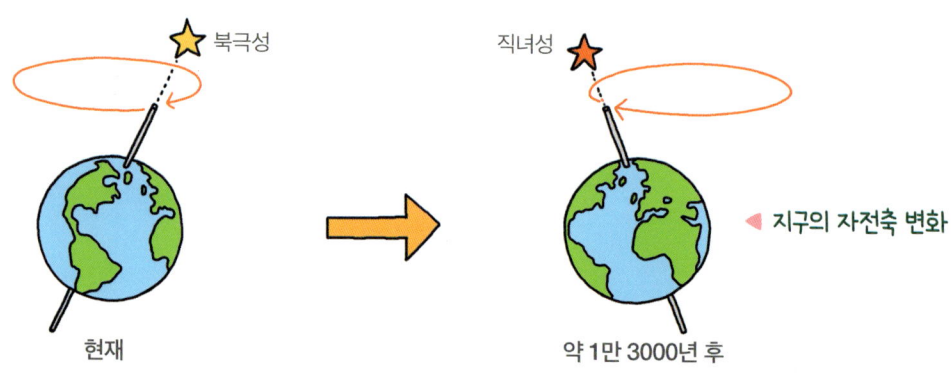

◀ 지구의 자전축 변화

 ## 지구가 자전한다면 왜 느낄 수 없지?

용선생이 아이들을 쓱 둘러보고는 말했다.

"선생님이 지구의 자전에 대한 놀라운 사실을 하나 알려 주지."

아이들은 "뭔데요?" 하고 입을 모았다.

"지구는 자전을 무척 빠르게 하고 있어. 한 시간에 약 1,650 km를 움직인단다. 서울에서 부산까지 400 km 정도인데, 지구의 자전과 같은 빠르기로 달린다면 15분도 안 걸려서 도착할 거야."

"우아, 엄청 빠르네요."

장하다가 팔을 휘저으며 빨리 달리는 시늉을 하자 아이들이 큰 소리로 웃었다. 그때 나선애가 무언가 생각난 듯 손을 번쩍 들었다.

"선생님! 그런데 지구가 자전한다면 왜 돌고 있는 느낌이 안 나요? 버스에 타고 있을 때에는 버스가 움직이는 게 느껴지잖아요. 지구에서도 그래야 하는 거 아니에요?"

"오! 정말 중요한 질문이야. 옛날 사람

들도 선애처럼 생각했어. 지구가 돈다면 땅이 움직이는 게 느껴질 텐데 아무 느낌이 없으니 지구가 움직인다고 생각하지 못했지."

"그러니까요."

"버스가 움직인다는 건 어떻게 알 수 있지?"

"몸이 흔들리니까요."

"맞아. 버스가 달릴 때에는 빠르기가 자주 바뀌어서 몸이 흔들려. 그래서 버스가 움직이는 게 잘 느껴지지. 그럼 비행기를 생각해 보자. 비행기가 하늘 위를 날고 있을 때 움직임이 느껴지니?"

허영심이 얼른 대답했다.

"저번에 제주도로 비행기 타고 여행 갔는데요, 이륙할 때나 착륙할 때는 엄청 무서웠는데 높이 나는 동안에는 별다른 느낌이 없었어요."

"맞아. 탈것이 일정한 빠르기로 움직일 때 그 안에 있는 사람은 움직임을 잘 느낄 수 없어."

용선생의 말에 곽두기가 입을 삐죽거리며 말했다.

"쳇, 난 아직 비행기 못 타 봤는데."

"그럼 기차를 떠올려 봐. 기차도 달리는 동안에는 빠르기가 거의 같거든. 비행기랑 비슷하지."

"그러고 보니 기차는 버스보다는 덜 흔들렸던 것 같아요. 움직이는 게 잘 안 느껴질 때도 있었고요."

"맞아. 자전하는 지구도 그렇단다. 일정한 빠르기로 자전하고 있지. 그래서 우리는 지구의 움직임을 느낄 수 없어."

용선생의 말이 끝나자마자 장하다가 바삐 가방을 쌌다.

"하다야, 왜 그리 서둘러? 바쁜 일이라도 있어?"

"하루의 길이는 변하지 않으니 조금이라도 더 놀려면 바삐 움직여야죠. 그럼 전 이만!"

지구는 일정한 빠르기로 자전하기 때문에 우리는 지구의 움직임을 느낄 수 없어.

# 나선애의 정리노트

1. 지구의 자전
① 지구가 하루에 한 번 ⓐ[　　] 을 중심으로 서쪽에서 동쪽으로 도는 현상
② 자전 방향

옆에서 보면 서에서 동 　　 북극 위에서 보면 반시계 방향

2. 지구의 자전으로 나타나는 현상
① 낮과 ⓑ[　] 이 생김.
② 태양이 하루에 한 번 동쪽에서 떠서 ⓒ[　　] 으로 지는 것으로 보임.
③ 밤하늘의 ⓓ[　] 이 하루에 한 번 동쪽에서 떠서 서쪽으로 지는 것으로 보임.

3. 지구의 자전을 느낄 수 없는 이유
① 지구가 일정한 빠르기로 자전하기 때문

ⓐ 자전축 ⓑ 밤 ⓒ 서쪽 ⓓ 별

과학퀴즈 달인을 찾아라!

●정답은 125쪽에

01

친구들이 이번 시간에 배운 내용에 대해 이야기하고 있어. 옳으면 O, 옳지 않으면 X를 표시해 줘.

① 지구가 한 번 자전하는 데 걸리는 시간이 하루야. (   )
② 지구가 자전하기 때문에 낮과 밤이 생겨. (   )
③ 지구가 엄청나게 크기 때문에 우리는 지구의 자전을 느낄 수 없어. (   )

02

다음 보기 의 문장 속 괄호에 들어갈 말을 순서대로 이으면 어떤 모양이 나온대. 정답을 찾아서 어떤 모양이 나오는지 그려 봐.

> 보기
> 지구는 (   )에 한 번 (   )을 중심으로 서쪽에서 (   )으로 도는데, 이것을 (   )이라고 해.

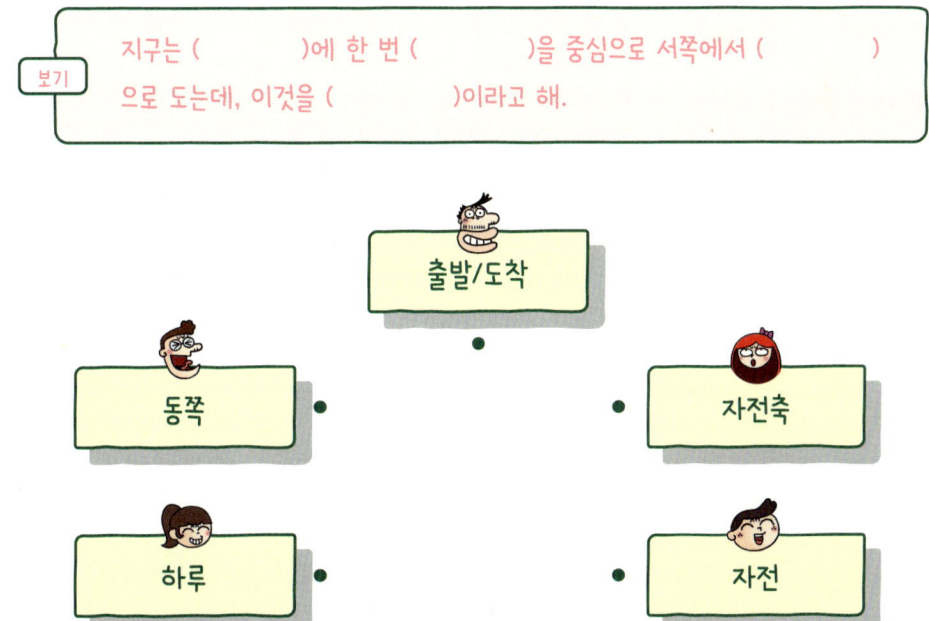

3교시 | 지구의 공전

계절마다 보이는 별자리가 다른 까닭은?

오리온자리는 겨울에 가장 잘 볼 수 있대.

왜 하필 추운 겨울이야?

교과연계

초 6-1 지구와 달의 운동
중 2 태양계

계절에 따라 가장 잘 보이는 별자리가 달라지거든.

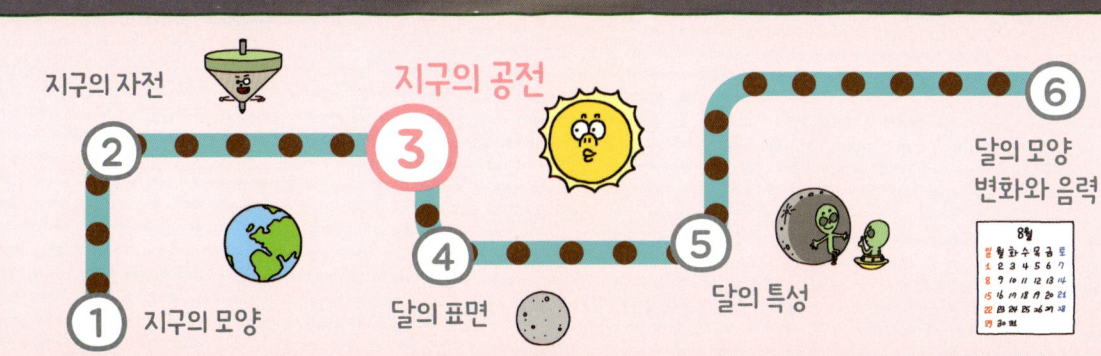

① 지구의 모양
② 지구의 자전
③ **지구의 공전**
④ 달의 표면
⑤ 달의 특성
⑥ 달의 모양 변화와 음력

"자, 과학반 선물. 별자리 포스터야."

왕수재가 아이들에게 돌돌 말린 포스터를 내밀었다.

"우아! 고마워. 어디서 났어?"

"주말에 아빠랑 천문대에 가서 별을 보고 왔거든. 혼자 보기 아까워 사진으로라도 보라고 사 왔지. 히히!"

"왕수재가 웬일로 우리 생각을 다 했대?"

"아무렴 어때. 고마워!"

아이들은 포스터에 있는 별들을 천천히 살펴보았다.

"계절에 따라 볼 수 있는 별자리가 완전히 다르네."

"그러게. 근데 계절별로 별자리가 왜 달라지지? 수재야, 천문대에서 무슨 설명 들은 거 없어?"

"어? 그게 그러니까……."

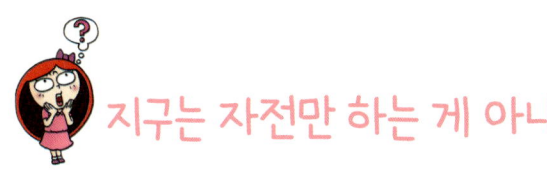

지구는 자전만 하는 게 아냐

때마침 용선생이 과학실에 들어오며 말했다.

"계절별로 별자리가 달라지는 건 지구의 공전 때문이야."

"공전이요?"

"응. 지구는 자전축을 중심으로 뱅글뱅글 돌면서 동시에 태양의 둘레를 돌아. 이처럼 지구가 태양의 둘레를 도는 운동을 공전이라고 하지. 지구가 공전을 한 번 하는 데 약 1년이 걸려."

"자전하랴, 공전하랴, 지구도 참 바쁘군요."

"하하, 그렇지? 지구가 태양 둘레를 공전하는 길을 공전 궤도라고 해. 지구의 공전 방향은 공전 궤도 옆에서 보면 서쪽에서 동쪽이고, 공전 궤도 위에서 보면 반시계 방향이야."

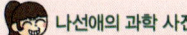

별자리 지구에서 보이는 별들을 여러 개 묶어 신화 속 인물이나 동물, 물건의 이름을 붙인 거야.

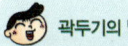

궤도 바퀴자국 궤(軌) 길 도(道). 물체가 움직인 길을 말해.

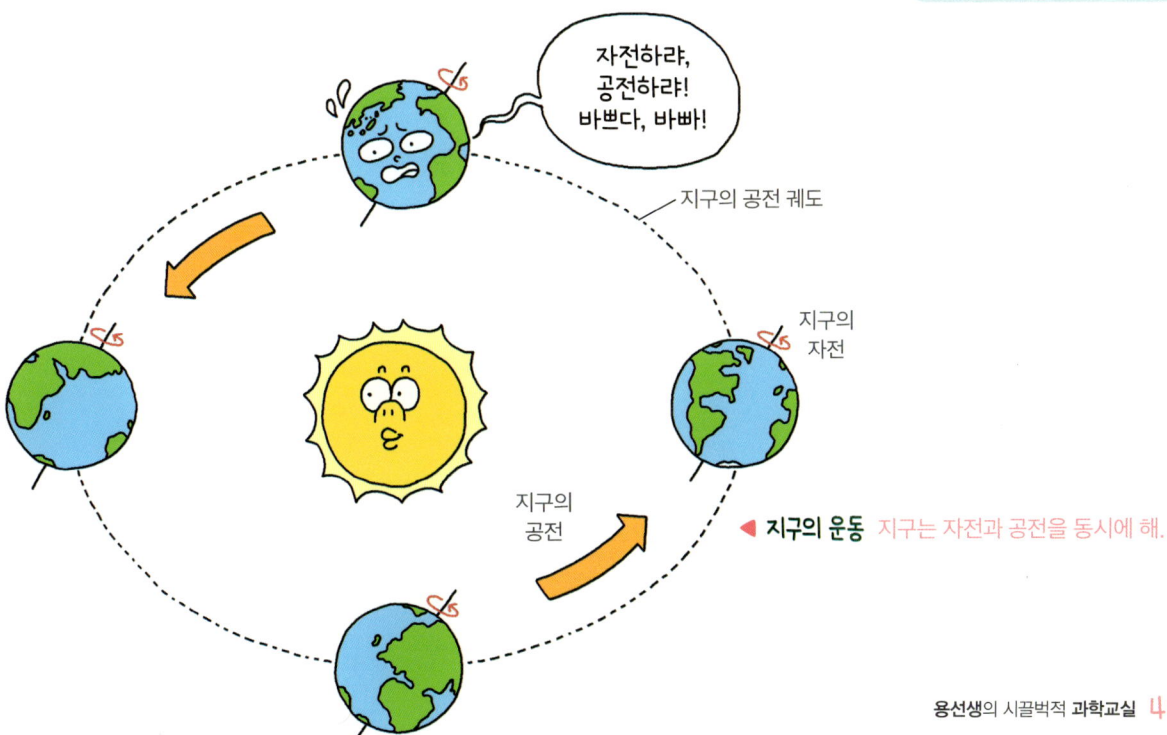

◀ **지구의 운동** 지구는 자전과 공전을 동시에 해.

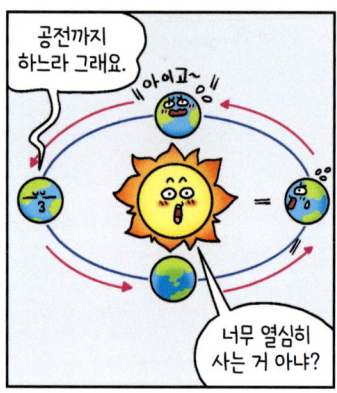

"지난번에 배운 자전이랑 비슷하네요."

"맞아. 지난 시간에 우리가 지구의 자전을 느낄 수 없다고 한 것 기억하지?"

"네! 지구가 일정한 빠르기로 움직이니까요."

"그렇지. 같은 이유로 우리는 지구가 공전하는 것도 느낄 수 없어. 그래서 우리에게는 지구가 태양 주위를 도는 게 아니라 태양이 지구 주위를 도는 걸로 보이지."

"오, 그렇군요."

"이런 사실을 알 리 없었던 옛날에는 눈에 보이는 대로 믿다 보니 태양뿐만이 아니라 모든 우주가 지구를 중심으로 돈다고 생각했지."

"하긴 움직임을 느낄 수 없으니 그게 당연한 거 같기도 하고요."

왕수재가 팔짱을 끼며 말했다.

"하지만 사실은 지구가 움직이고 있다는 점을 꼭 명심하도록!"

핵심정리

지구는 자전을 하는 동시에 태양 둘레를 공전해. 하지만 지구에서는 태양이 지구 주위를 도는 걸로 보여.

 지구가 공전해서 일어나는 일

"선생님, 그래서 지구의 공전이랑 계절별로 보이는 별자리가 달라지는 거랑 무슨 관련이 있는데요?"

"먼저 이것부터 알아 두렴. 지구에 사는 우리는 태양과 같은 방향에 있는 별자리를 볼 수 없어."

"왜요?"

"생각해 봐. 별이 태양과 같은 방향에 있으면 밝은 태양빛에 가려 보이지 않을 거잖아."

"아하! 그렇군요."

"그러니까 지구에서는 태양과 같은 방향에 있지 않은 별자리만 보여. 그중에서도 태양과 완전히 반대 방향에 있는 별자리가 가장 잘 보이겠지."

"태양 빛에 가려지지 않으니까요?"

"맞아. 지구는 1년 동안 태양 둘레를 공전하며 계속 위치가 바뀌어. 따라서 태양의 방향도 달라지고, 가장 잘 보이는 별자리도 달라져."

"계절마다 어떤 별자리가 잘 보이는데요? 직접 보여 주시면 안 돼요?"

그러자 용선생이 화면 가득 밤하늘 그림을 띄웠다.

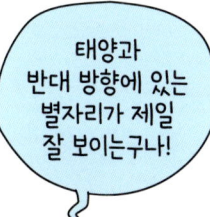

"이건 계절별로 가장 잘 볼 수 있는 별자리들이야. 봄부터 겨울까지 계절마다 저녁 9시 무렵에 밤하늘에서 가장 밝게 빛나는 별자리들을 나타낸 것이지. 이 별자리들을 계절별 대표적인 별자리라고 해."

"정말 아름다워요!"

허영심이 감탄하자 용선생이 씩 웃으며 말했다.

"여기서 오리온자리를 한번 찾아볼래?"

아이들은 화면 곳곳을 뚫어져라 쳐다보며 찾기 시작했다. 허영심이 제일 먼저 손을 들고 외쳤다.

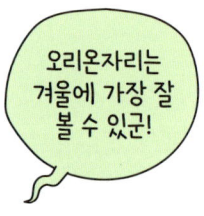

오리온자리는 겨울에 가장 잘 볼 수 있군!

"찾았어요! 겨울 별자리에 있어요!"

"영심이가 찾았구나! 맞아. 겨울에는 1년 중 가장 많은 별자리를 볼 수 있어. 그중 오리온자리가 가장 찾기 쉬워. 이번에는 사자자리를 찾아볼까?"

아이들은 질세라 또 화면을 들여다보았다. 이번에는 나선애가 먼저 외쳤다.

"찾았어요! 봄에 있어요!"

"하하, 맞았어! 사자자리는 봄의 대표적인 별자리야. 그 외에도 여름은 거문고자리, 가을은 페가수스자리가 대표적이지."

그러자 장하다가 심통이 나서 말했다.

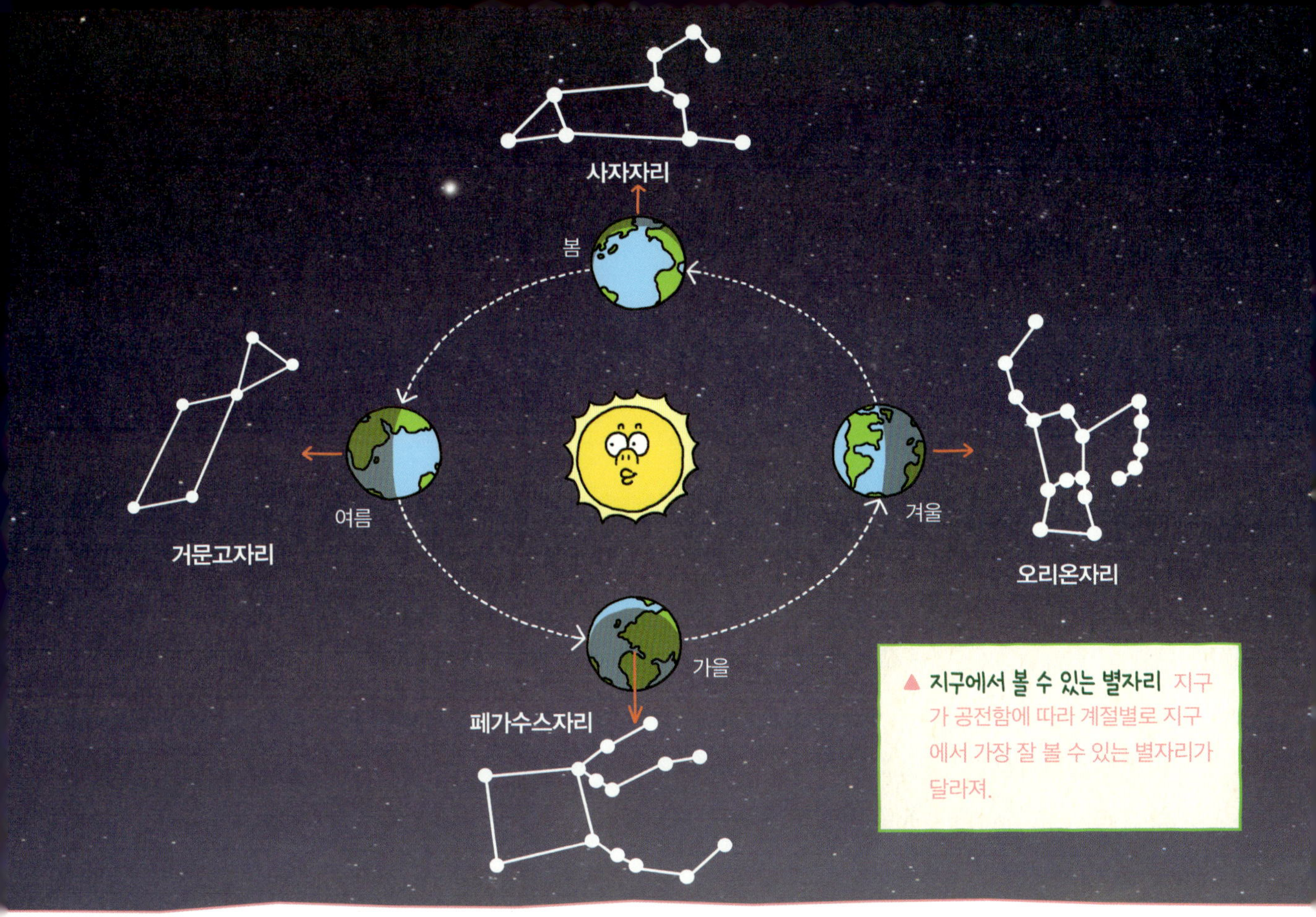

▲ 지구에서 볼 수 있는 별자리 지구가 공전함에 따라 계절별로 지구에서 가장 잘 볼 수 있는 별자리가 달라져.

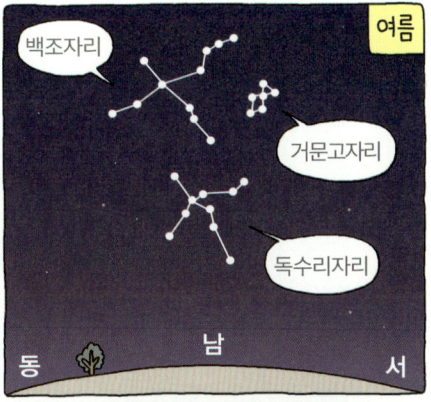
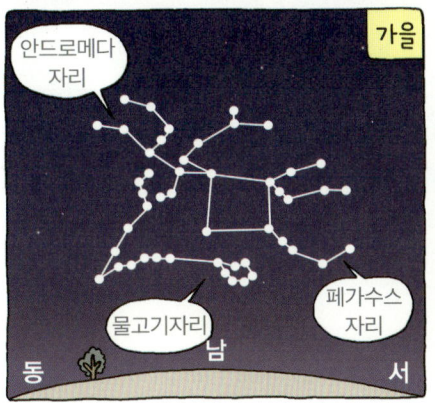
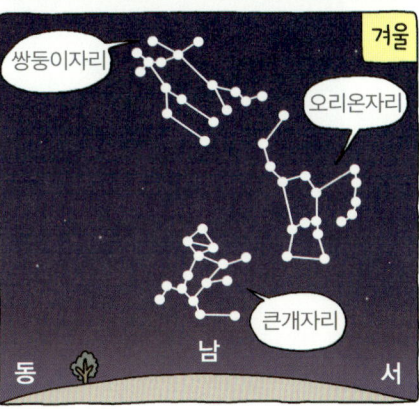

◀ 계절별 대표적인 별자리

"너무 많아요. 저는 겨울 별자리인 오리온자리만 기억할래요."

"하하! 그런데 오리온자리가 겨울에만 볼 수 있는 건 아니야. 겨울에 가장 잘 볼 수 있다는 거지."

"네? 그게 무슨 말씀이세요?"

"오리온자리는 겨울만이 아니라 봄, 가을에도 볼 수 있어. 봄에는 밤 9시쯤 서쪽 하늘에 오리온자리가 뜨는데, 금방 땅 아래로 지기 때문에 오래 볼 수 없어. 또 가을에는 밤 12시쯤 동쪽 하늘에 뜨는데 이른 새벽에 남쪽 하늘에서 잘 볼 수 있지만 금방 해가 떠서 오래 볼 수는 없지."

"아, 다른 계절에는 아예 못 보는 게 아니었군요."

"하하, 그런데 겨울밤에는 해가 진 뒤 동쪽에서 떠서 해

▲ 봄과 가을의 오리온자리

가 뜨기 전에 서쪽 하늘로 져. 그래서 밤새도록 오리온자리를 볼 수 있는 거야."

"그럼 여름에는요?"

"여름에는 오리온자리가 태양과 같은 방향에 있기 때문에 볼 수 없단다."

"아하, 그래서 겨울의 대표적인 별자리군요."

"조금 전에 지구에서는 태양이 지구 주위를 도는 걸로 보인다고 했지? 이것도 밤하늘의 별자리를 보고 알아낸 거란다."

"그래요?"

"밤 12시에 남쪽 하늘에서 보이는 별자리를 1년 동안 관찰하면, 한 달에 한 번꼴로 별자리가 바뀌어. 태양은 그 별자리와 정반대편에 있겠지? 따라서 태양은 1년 동안 서로 다른 별자리 주변을 통과한다는 걸 알게 된 거야. 커다란 원을 그리면서 말이지."

"아하! 그렇군요."

핵심정리

지구에서는 태양과 반대 방향에 있는 별자리를 가장 잘 볼 수 있어. 따라서 지구가 공전하는 동안 계절마다 보이는 별자리가 달라지는 거야.

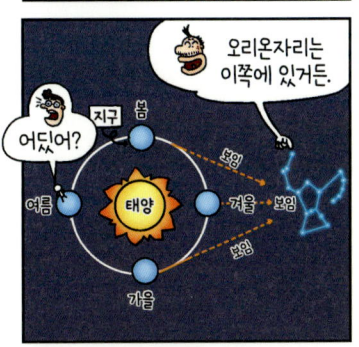

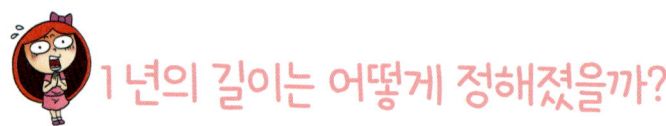
1년의 길이는 어떻게 정해졌을까?

"이제 계절에 따라 우리가 볼 수 있는 별자리가 달라지는 이유가 이해됐어요."

나선애가 연필을 내려놓으며 말했다.

"하하, 다행이구나. 그런데 지구의 공전과 관련해서 중요한 사실을 한 가지 더 알려 줄게."

"뭔데요?"

아이들이 입을 모아 물었다.

"아까 지구가 공전하는 데 약 1년이 걸린다고 했지?"

"네. 기억나요."

"선생님이 '1년' 앞에 굳이 '약'이란 말을 붙인 이유가 뭔지 아니?"

아이들은 아리송한 표정으로 용선생만 쳐다보았다. 나선애가 조심스레 물었다.

"정확히 1년이 아니라는 뜻인가요?"

"맞았어! 이 얘기는 조금 복잡하니 차근차근 알아보자. 먼저 1년이 며칠이지?"

"365일이요."

"맞아. 그런데 지구가 태양 주위를 한 번 공전하는 데에는 사실 365일하고도 약 6시간이 더 걸려."

"그럼 6시간은 어떡해요?"

아이들의 질문에 장하다가 심드렁하게 대꾸했다.

"뭘 어떡해? 1년이 끝날 때마다 6시간씩 하루의 시작을 미루면 되잖아."

"그렇게 간단한 문제가 아니란다. 1년마다 하루의 시작을 6시간씩 미루면 하루가 시작되는 시간이 매년 달라지지 않겠니?"

"정말 그러네요."

"으……. 뭔가 엄청 복잡해질 것 같아요."

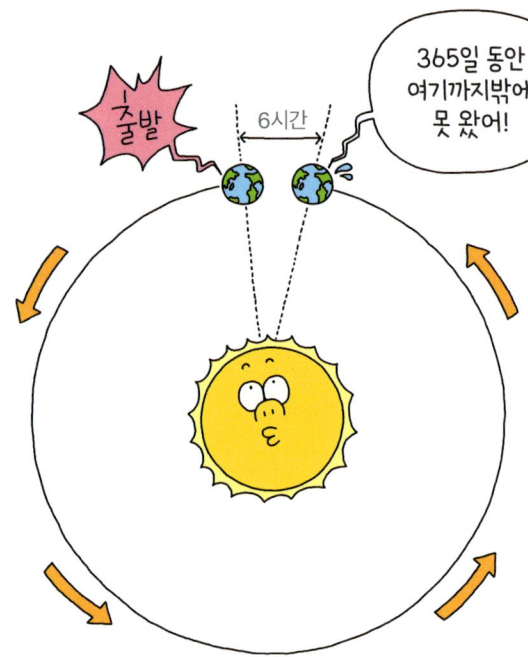

▲ 실제 공전하는 데 걸리는 시간과 1년(365일)의 차이

곽두기의 낱말 사전

윤년 쓰고 남을 윤(閏) 해 년(年). 2월 29일이 있는 해를 말해.

"그래서 사람들은 일단 365일을 1년으로 사용하기로 했어. 그리고 남은 6시간을 따로 모아 두었지."

"어디다 모아 두었는데요?"

용선생은 잠시 쉬었다가 말을 이었다.

"하루는 24시간이니까 6시간을 4번 모으면 하루가 되잖아. 그래서 그 하루를……."

용선생의 말을 끊고 왕수재가 끼어들었다.

"2월 29일로 만든 거군요."

"맞아! 어떻게 알았니?"

"제 친구 중에 생일이 2월 29일인 애가 있어요. 걔는 자기 생일이 4년에 한 번밖에 돌아오지 않는다고 엄청 슬퍼한다고요."

"그랬구나. 보통 2월은 28일까지 있는데, 4년에 한 번씩 29일까지 있는 해가 있어. 그 해에는 1년이 365일이 아니라 366일이지. 이러한 해를 윤년이라고 해. 4년에 한 번씩 윤년을 두면 윤년이 아닌 해에 1년을 365일로 일정하게 사용할 수 있고, 지구가 공전하는 데 걸리는 시간도 맞출 수 있지."

"아! 그래서 윤년이 있는 거구나."

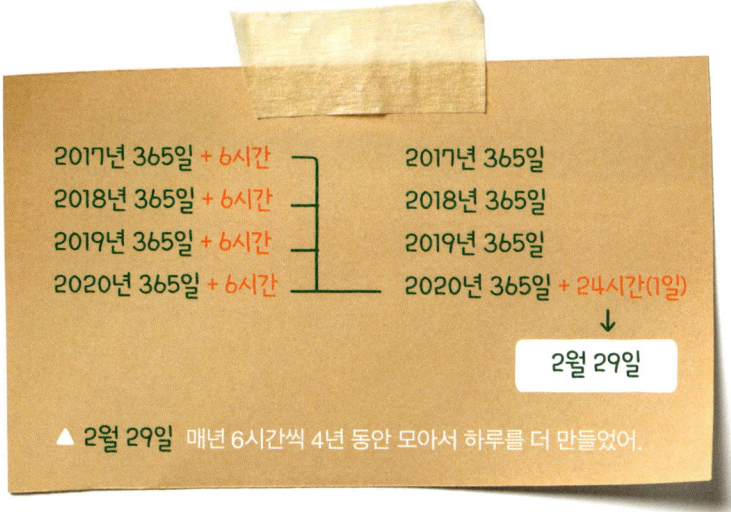

▲ 2월 29일 매년 6시간씩 4년 동안 모아서 하루를 더 만들었어.

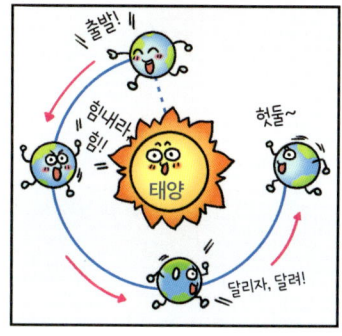

"여기서 아주 쉬운 퀴즈를 하나 풀어 볼까? 2016년이 윤년이었으니까 그다음 윤년은 언제일까?"

"4년마다 윤년이 있다고 했으니까 2020년이요. 그다음은 2024년. 이런 식이죠?"

"하하, 잘 아는구나. 수재는 2월 29일마다 친구 생일을 많이 많이 축하해 주도록. 오늘 수업은 여기까지!"

 **핵심정리**

지구가 실제로 태양 주위를 한 번 공전하는 데 걸리는 기간은 약 365일 6시간이야. 사람들은 365일을 1년으로 사용하고 남은 6시간을 따로 모아 4년에 한 번씩 윤년을 둬.

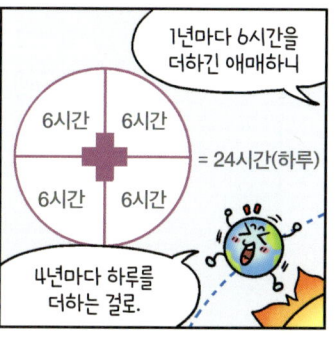

 나선애의 정리노트

1. 지구의 ⓐ _____
   ① 지구가 태양 둘레를 약 1년에 한 번씩 도는 운동
   ② 서쪽에서 동쪽 방향

2. 지구의 공전과 별자리
   ① 계절별 대표적인 별자리: 봄, 여름, 가을, 겨울에 저녁 ⓑ ___ 시 무렵 밤하늘에서 잘 보이는 별자리
   ② 지구가 태양 주위를 공전하기 때문에 계절별 대표적인 별자리가 달라짐.

3. 1년의 길이
   ① 실제로 지구 공전에 걸리는 시간은 약 365일 ⓒ ___ 시간
   ② 편의상 365일을 1년으로 잡고, 나머지 시간을 더해 ⓓ ___ 년마다 하루를 더 만듦. → ⓔ _____

정답 ⓐ 공전 ⓑ 9 ⓒ 6 ⓓ 4 ⓔ 윤일

 # 과학퀴즈 달인을 찾아라!

●정답은 125쪽에

01

친구들이 이번 시간에 배운 내용에 대해 이야기하고 있어. 옳으면 O, 옳지 않으면 X를 표시해 줘.

① 지구의 공전 때문에 계절마다 보이는 별자리가 달라져. (　　)

② 지구가 실제로 공전하는 데 걸리는 기간과 1년으로 사용하는 기간이 달라서 윤년을 정했어. (　　)

③ 지구의 공전 방향은 공전 궤도 옆에서 보면 동쪽에서 서쪽이야. (　　)

02

아이들이 보물 상자를 발견했어. 보물 상자는 네 자리 비밀번호로 열 수 있대. 다행히 비밀번호의 힌트를 적어 둔 쪽지가 옆에 놓여 있어. 친구들이 비밀번호를 찾을 수 있게 도와줘.

> ■에 들어갈 숫자를 순서대로 누르시오.
>
> [힌트1] 윤년이 아닐 때 1년은 ○○■일이야.
> [힌트2] 윤년은 ■년에 한 번 있어.
> [힌트3] 윤년일 때는 2월이 ○■일까지 있어.
> [힌트4] 윤년일 때는 1년이 ○○■일이야.

👍 알았다! 비밀번호는 □□□□ 이야!

4교시 | 달의 표면

달과 지구의 표면은 비슷할까?

교과연계

초 **3-1** 지구의 모습
중 **2** 태양계

네?
달에 바다가
있다고요?

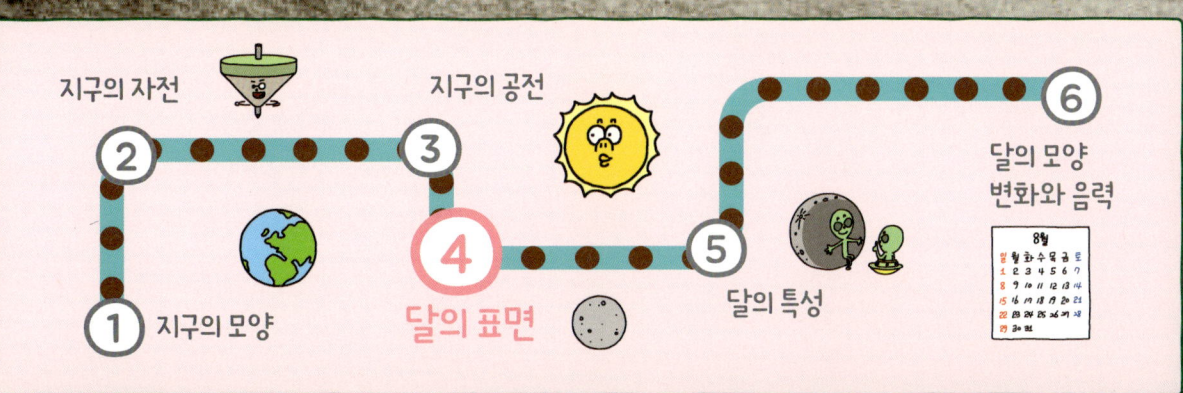

① 지구의 모양
② 지구의 자전
③ 지구의 공전
④ **달의 표면**
⑤ 달의 특성
⑥ 달의 모양 변화와 음력

"수재야, 뭐해?"

나선애가 왕수재에게 다가가 물었다.

"응, 이번 방학 때 참여할 천문대 프로그램을 보는 중이야."

"우아! 나도 좀 보여 줘."

"그래."

"재밌어 보이는 프로그램이 많네. 근데 이게 뭐야? 달의 바다 관측?"

"정말? 달에 바다가 있어?"

 **달의 바다, 정체를 밝혀라!**

"선생님, 정말로 달에 바다가 있어요?"

"응, 있어. 달은 지구와 비슷하게 표면이 단단한 지각으로 이루어져 있고 흙과 돌로 뒤덮여 있지만, 다른 점도 많단다. 특히 달의 바다는 지구의 바다와는 완전히 달라. 다들 궁금하니?"

"네!"

용선생은 잠시 생각을 정리하고는 말을 시작했다.

"달은 아마도 인류가 밤하늘을 바라보면서 제일 먼저 관심을 가진 천체일 거야. 밤에 고개를 들어 하늘을 보기만 하면 어디서나 볼 수 있었을 테니까 말이야."

아이들은 고개를 끄덕였다.

"사람들은 매일매일 달을 바라보면서 달에 대해 조금씩 알아갔어. 옛날 사람들은 달의 표면이 아주 매끄럽고 흠집 하나 없다고 생각했지."

"하긴 달은 은빛으로 아름답게 빛나잖아요."

허영심이 흐뭇한 표정을 지으며 말하자 용선생이 이야기했다.

"그런데 갈릴레이가 망원경을 이용해 달 표면을 관측하면서 그러한 생각이 깨지고 말았지. 자세히 보니 달 표면이 울퉁불퉁하고 색깔도 거뭇거뭇했던 거야."

"헉! 그래요?"

> **나선애의 과학 사전**
> 지각 땅 지(地) 껍질 각(殼). 지구의 가장 바깥쪽 표면을 말해.

> **나선애의 과학 사전**
> 천체 하늘 천(天) 물체 체(體). 우주에 존재하는 물체를 통틀어 천체라고 해. 여기에는 태양, 지구, 달 등이 모두 포함되지.

> **용선생의 과학 현미경**
> 옛날 사람들도 달의 표면에서 거뭇거뭇한 얼룩을 관측하기는 했어. 하지만 그것은 지구의 바다가 달의 매끈한 표면에 비친 거라고 생각했지.

▲ **갈릴레오 갈릴레이** 1564년부터 1642년까지 살았던 이탈리아의 과학자야. 망원경으로 천체를 관측한 내용을 바탕으로 지구가 태양 주위를 돈다고 주장했어.

▲ 갈릴레이 망원경

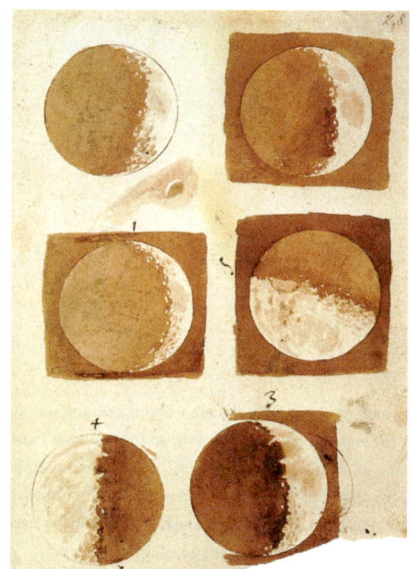
▲ 갈릴레이가 그린 달

▲ 달의 바다와 대륙

"그래. 이후 달을 관측하던 과학자들은 거무스름해 보이는 지역이 마치 지구의 바다와 비슷해 보인다고 해서 그곳을 달의 바다라고 이름 붙였어. 반대로 밝게 보이는 부분은 달의 대륙이라고 불렀지."

"그럼 실제로는 물이 있는 바다가 아니네요! 시시해."

용선생이 곽두기를 달래며 말했다.

"아직 실망하긴 일러. 달의 바다와 대륙에는 재미있는 점이 아주 많거든."

아이들의 눈이 반짝이자 용선생이 이어 말했다.

"먼저 달의 바다에 관해 알아보자. 과학자들은 달의 바다가 왜 검게 보일까 궁금해했어. 연구를 해 보니 그 지역은 검은색 암석으로 이루어져 있었어."

"검은색 암석이요? 달에만 있는 특별한 암석인가요?"

"하하. 그렇지는 않아. 우리나라에서도 볼 수 있는 암석이지. 제주도에 많이 있는 검은색 돌, 뭐가 생각나니?"

왕수재가 손가락을 탁 튕겼다.

"현무암이요. 구멍이 송송 뚫린 바로 그 돌 맞죠?"

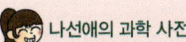

나선애의 과학 사전

암석 바위 암(巖) 돌 석(石). 지각을 구성하고 있는 단단한 물질을 말해. 현무암, 화강암, 석회암 등이 있어.

▲ **제주도 해안의 현무암** 화산 활동으로 생긴 암석 중 하나야. 용암이 빠르게 식으면서 생긴 구멍이 있는 것이 특징이야.

▲ 아폴로 15호가 달에서 가져온 현무암

"맞았어! 제주도에 현무암이 왜 많을까?"

"옛날에 화산이 폭발해서요!"

나선애가 외치자 용선생이 손뼉을 짝 치며 말했다.

"오! 잘 알고 있구나. 현무암은 용암이 식어서 만들어진

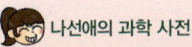

나선애의 과학 사전

용암 녹일 용(鎔) 바위 암(巖). 바위가 녹은 것이라는 뜻이야. 땅속 물질이 녹아서 땅 밖으로 나온 것이 바로 용암이지.

돌이야. 한라산이 화산이라는 건 잘 알고 있지? 화산이 폭발하면서 흘러나온 용암이 빠르게 식어 굳은 것이 현무암인데, 달의 바다에 있는 현무암도 용암이 굳어서 생긴 거란다."

달의 표면에서 검게 보이는 부분은 바다, 밝게 보이는 부분은 대륙이라고 불러. 달의 바다는 어두운 색의 현무암으로 덮여 있어서 검게 보여.

 달의 바다는 어떻게 생겨났을까?

"그럼 달에서도 화산이 폭발한 적이 있어요?"

"그건 아니야. 달에서는 화산 폭발이 아니라 다른 방법으로 용암이 나왔어. 먼저 새로운 용어를 하나 배워 보자. '유성체'가 뭔지 아니?"

아이들은 고개를 가로저었다.

"우주는 빈 공간처럼 보이지만 사실 수많은 돌덩이가 떠다니고 있어. 티끌처럼 작은 것부터 산처럼 큰 것까지 크기도 아주 다양하지. 그러한 돌덩이가 바로 유성체야."

"우주에 돌덩이들이 떠다니고 있다고요?"

"그래. 유성체는 우주를 떠돌다가 달과 같은 천체에 부딪히기도 해."

"헉, 진짜요? 무섭네요."

"하하! 약 39억 년 전에 우주를 떠돌던 유성체들이 달 표면에 엄청나게 많이 충돌하던 시기가 있었어. 그 수도 많을 뿐더러 크기도 대단했지. 이 그림을 볼래?"

아이들은 유성체가 날아와 커다란 구덩이가 생기는 장면을 넋을 놓고 바라보았다.

"유성체가 달에 떨어져서 만들어진 커다란 구덩이를 충돌

▼ 충돌 구덩이가 생기는 과정

① 유성체가 공기의 방해를 받지 않고 날아와.

② 땅에 부딪혀.

③ 큰 충격으로 땅이 파여.

④ 충돌 구덩이가 생겨.

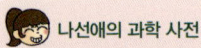
나선애의 과학 사전

지형 땅 지(地) 모양 형(形). 지구나 달 표면의 모양을 지형이라고 해. 우리가 야외에서 볼 수 있는 산, 들, 골짜기, 강, 호수, 바다 같은 것이 모두 지형이야.

마그마 땅속 물질이 녹은 것을 말해. 마그마가 땅 밖으로 나온 것을 용암이라고 해.

구덩이라고 불러. 충돌 구덩이 여러 개가 한곳에 집중적으로 생기다 보면 넓게 움푹 팬 지형이 만들어지기도 했지."

"충돌해서 만들어졌다고 해서 충돌 구덩이로군요!"

"맞아. 지각이 얇은 곳에 유성체가 충돌한 경우에는 땅이 갈라지고 깨지면서 땅속에 있던 마그마가 땅 위로 솟아오르기도 했어. 밖으로 나온 용암은 충돌 구덩이에 고여서 그대로 시커먼 현무암으로 굳었지. 그렇게 달의 바다가 만들어진 거야."

나선애가 필기를 멈추고 말했다.

"달에 용암이 있다는 것도 신기하고, 지구에서 볼 수 있는 현무암이 있다는 것도 신기해요."

"여기서 한 가지 더! 달의 바다는 충돌 구덩이에 용암이

▲ 달의 바다가 생기는 과정

고여서 생긴 지형이라 다른 곳보다 높이가 낮아. 바꿔 말하면 달의 대륙은 달의 바다보다 높이가 높다는 말이지."

"그건 지구도 그렇잖아요."

"하하, 그렇긴 하구나. 아무튼 그래서 달의 대륙을 높을 고(高), 땅 지(地) 자를 써서 '고지'라고도 부른단다."

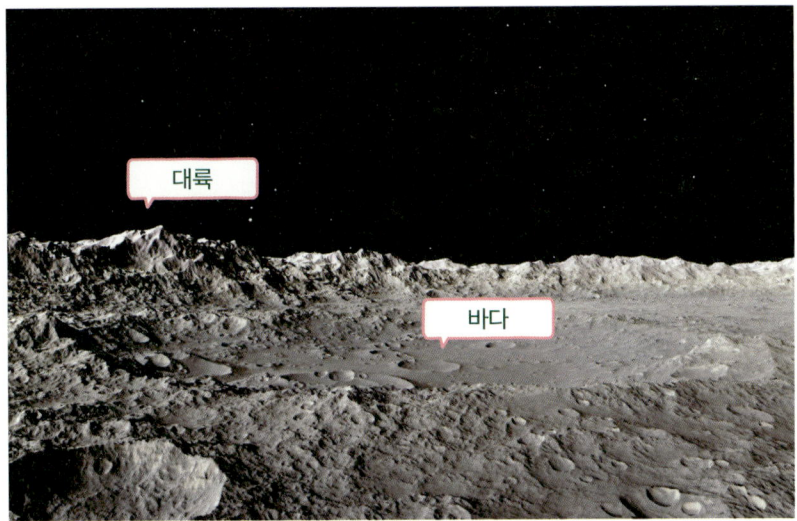
▲ 달의 바다와 달의 대륙

 핵심정리

달의 바다는 유성체의 충돌로 땅속에서 솟아오른 용암이 굳어서 생겨났어. 달의 바다는 대륙보다 높이가 낮아.

달의 대륙에는 구덩이가 송송

"좋아, 이제 달의 대륙에 대해 알아보자. 달의 대륙이 달의 바다와 다른 점은 충돌 구덩이가 많다는 거야."

"충돌 구덩이에 달의 바다가 생겼다면서요?"

"아까 말했듯이 달의 바다는 유성체가 충돌해서 생긴 충돌 구덩이에 용암이 고여 굳은 곳이야. 그러니 용암으로 뒤덮여서 오히려 충돌 구덩이를 보기 힘들어. 반면 달의 대륙에서는 충돌 구덩이를 많이 볼 수 있지."

"우주에는 유성체가 참 많은가 봐요. 그럼 지구에도 떨어질 수 있는 거 아니에요?"

"물론 떨어질 수 있지."

"헉! 그럼 어떡해요!"

아이들이 겁에 질린 표정으로 용선생을 바라보았다.

"하하! 너무 겁먹지 마. 유성체가 지구에 떨어질 때에는 공기를 만나서 대부분 타 버리고, 채 타지 못한 조각들만 땅에 떨어져. 그래서 지구는 달보다 충돌 구덩이가 훨씬 적지."

"어휴, 다행이네요."

"이렇게 지구에 떨어진 유성체를 운석이라고 부르고, 지

나선애의 과학 사전

운석 유성체 중에 완전히 타지 않고 지구 표면까지 떨어진 암석이야.

▼ **배린저 운석 구덩이** 미국 애리조나에 있는 운석 구덩이로, 지구에서 전체 모습이 유지된 것 중 제일 커. 지름이 무려 1.2 km이고 깊이는 170 m나 돼. 약 10만 년 전에 지름 100 m 정도 크기의 운석이 떨어져 생긴 것으로 보여.

구에 생긴 충돌 구덩이를 운석 구덩이라고 불러. 이러한 운석 구덩이는 웬만큼 큰 게 아니면 세월이 흐르면서 비바람에 깎여 점점 사라져. 공기와 물이 땅을 깎고 부스러뜨리거든."

용선생이 목을 가다듬고 다시 말했다.

"달은 지구와 달리 공기가 없어서 유성체가 곧장 달 표면에 떨어져. 타지도 않고 작아지지도 않지. 그래서 엄청나게 큰 충돌 구덩이가 많이 생기는 거야."

"아하, 그렇군요."

"그리고 또 하나, 달에 충돌 구덩이가 생기면 오랜 시간

이 흘러도……."

그때 용선생의 말을 자르며 왕수재가 끼어들었다.

"충돌 구덩이가 처음 생긴 모습 그대로 남아 있겠네요. 물이나 공기가 땅을 깎고 부스러뜨리는 일이 없으니까요."

용선생은 빙긋이 웃으며 고개를 끄덕였다.

▶ **달에 남은 발자국** 달에는 공기와 물이 없어서 우주 비행사가 남긴 발자국도 선명히 남아 있어.

▲ **달의 충돌 구덩이** 한번 생긴 충돌 구덩이는 오랜 시간이 흘러도 처음 모습 그대로 남아 있어.

달에는 공기와 물이 없어서 충돌 구덩이가 많이 남아 있어.

 ## 달에 공기가 없어서 일어나는 일

"달에 공기가 없어서 일어나는 일이 또 있어."

"뭔데요?"

"공기가 없어서 숨을 쉴 수 없어."

"에이, 그건 너무 쉽잖아요!"

왕수재가 투덜대듯이 말했다.

"오호, 그럼 조금 수준을 높여 볼까? 잘 들어 봐. 우리가 소리를 들을 수 있는 까닭은 공기가 소리를 전달해 주기 때문이야. 그런데 달에는 공기가 없으니까 소리가 전달되지 않아."

"그럼 달에 간 우주 비행사들은 서로 어떻게 이야기를 나눠요?"

"무전기를 이용하지. 무전기는 전파를 이용해서 소리를 전달하는데, 전파는 공기가 없어도 전달되거든."

"맞아요! 우주에서 무전기로 대화하는 거 영화에서 봤어요!"

"또 있어. 달에는 물이 없으니 수증기가 생길 수 없어. 공기가 없으니까 수증기가 공중에 떠서 구름이 될 수도 없지. 그러니 비나 눈도 안 내린단다."

▲ **우주복을 입은 우주 비행사** 달에는 공기가 없어서 산소를 공급해 주는 장치가 달린 우주복을 입어야 해.

나선애의 과학 사전

전파 전기 전(電) 물결 파(波). 눈에 보이지 않는 전기 신호가 물결처럼 퍼져 나가는 거야. 주로 전기 통신에 쓰여. 텔레비전이나 휴대 전화도 전파를 이용하는 기기야.

나선애의 과학 사전

수증기 물이 기체 상태일 때 수증기라고 불러. 수증기는 다시 작은 물방울로 변해 구름이 되기도 하고, 작은 물방울들이 합쳐져 비가 되기도 해.

"비나 눈이 안 오면 사막 아니에요?"

"하하, 맞아. 모래와 바위로만 이루어진 사막이라고 할 수 있지. 또, 달은 지구와 하늘 색도 달라."

"하늘 색이요?"

"지구에서는 낮에 하늘이 파랗게 보이지? 그런데 달에서는 낮이든 밤이든 항상 하늘이 까매. 우주 공간과 다를 바 없이 말이야."

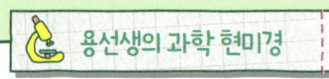
용선생의 과학 현미경

지구의 하늘이 파란 이유는?

태양 빛 중 우리 눈에 보이는 빛을 가시광선이라고 해. 여기에는 흔히 무지갯빛이라고 부르는 빨주노초파남보를 비롯해 여러 가지 색이 포함되어 있어. 지구의 공기는 주로 질소와 산소로 이루어져 있는데, 이 기체들은 가시광선 중 파란색 빛을 여러 방향으로 흩어지게 하는 성질이 있어. 이렇게 사방으로 퍼진 파란색 빛 때문에 하늘이 파랗게 보이는 거야.

▲ 지구에서 본 하늘

▲ 달에서 본 하늘

"그러고 보니 왜 하늘이 파란색이지? 우주는 까만데 말이야."

"정말 그러네? 선생님, 하늘은 왜 파래요?"

"지구에서 낮에 하늘이 파랗게 보이는 이유는 공기가 있기 때문이야. 태양 빛에 포함된 파란색 빛이 공기를 이루는 기체에 부딪혀 사방으로 흩어지거든. 그런데 달에는 공기가 없으니까 지구에서처럼 파란색 빛이 흩어지지 않아. 그래서 검은 우주가 그대로 보이는 거야."

"우아, 달뿐 아니라 지구에 대해서도 몰랐던 게 많네요."

"공기가 있고 없고에 따라 하늘 색도 달라진다니."

"하하, 놀랍지?"

"빨리 달로 여행 갈 수 있는 날이 왔으면 좋겠어요!"

핵심정리

달에는 공기가 없어서 소리가 전달되지 않고, 날씨 현상도 없어. 또 하늘도 검게 보여.

나선애의 정리노트

1. 달의 표면

① 달의 바다
- 달 표면의 거무스름해 보이는 지역
- 유성체가 날아와 부딪쳐서 생긴 충돌 구덩이에 땅속에서 흘러나온 용암이 고여서 만들어짐. 이때 용암이 굳어서 생긴 ⓐ [　　　] 때문에 거무스름하게 보임.

② ⓑ [　　　]
- 달 표면의 밝게 보이는 지역: 바다보다 높이가 높음.
- 충돌 구덩이가 바다보다 많음.

2. 충돌 구덩이

① 유성체가 달 표면에 충돌하면서 생긴 구덩이
② 달은 지구에 비해 충돌 구덩이의 수가 많고 크기도 큼.
  → 달에는 ⓒ [　　　]와 물이 없기 때문

3. 달에 공기가 없어서 나타나는 현상

① ⓓ [　　　]가 전달되지 않음.
② ⓔ [　　　] 현상이 일어나지 않음.
- 구름이 생기지 않아서 비나 눈이 내리지 않음.

③ 하늘이 까맣게 보임.

ⓐ 현무암 ⓑ 달의 대륙 ⓒ 공기 ⓓ 소리 ⓔ 기상

 ## 과학퀴즈 달인을 찾아라!

●정답은 125쪽에

01

친구들이 이번 시간에 배운 내용에 대해 이야기하고 있어. 옳으면 O, 옳지 않으면 X를 표시해 줘.

① 달의 표면은 단단한 지각으로 이루어져 있어. (   )
② 달의 바다에는 옛날에 물이 가득했어. (   )
③ 달에는 충돌 구덩이가 지구에 비해 많아. (   )

02

장하다가 미로를 통과하려고 해. 지구에는 있지만 달에는 없는 것을 따라가면 출구를 찾을 수 있대. 장하다에게 올바른 길을 알려 줘.

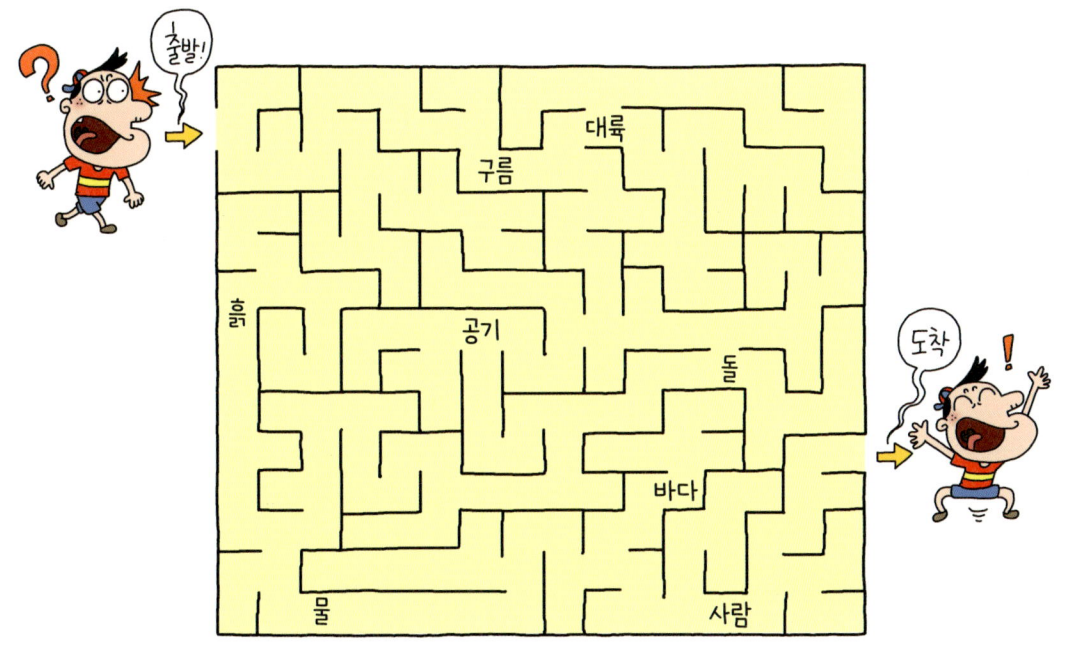

용선생의 과학 카페

과학계의 핵인싸, 용선생의 과학 카페에 오신 걸 환영합니다.

Log in

오늘은 어떤 재미난 지식을 올려 볼까?

MENU

물리면 아프다
화학이 화하하
생물 오징어
지구는 둥글다

https://cafe.naver.com/yongyong

바닷속 깊은 곳과 높은 하늘 위에는?

지구는 달과 달리 물과 공기가 있다고 했지? 지구 표면의 70%를 덮고 있는 바다와, 지구를 감싸고 있는 공기 덕분에 지구는 특별한 곳이 되었어. 깊은 바닷속과 높은 하늘 위의 모습은 과연 어떨까? 지금부터 알아보자!

바닷속에도 지형이 있다는 거 아니? 바닷속에도 산처럼 높은 곳, 들처럼 평평한 곳, 골짜기처럼 움푹 들어간 곳이 있어. 바닷속 지형이 얼마나 다양한지 아래 그림을 보며 확인해 봐.

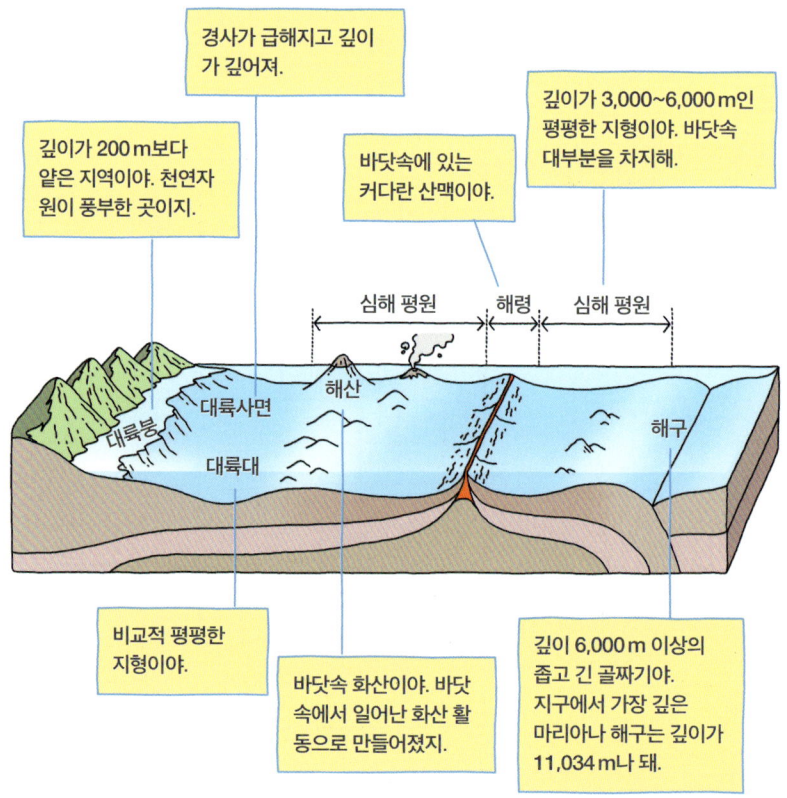

깊이가 200 m보다 얕은 지역이야. 천연자원이 풍부한 곳이지.

경사가 급해지고 깊이가 깊어져.

바닷속에 있는 커다란 산맥이야.

깊이가 3,000~6,000 m인 평평한 지형이야. 바닷속 대부분을 차지해.

비교적 평평한 지형이야.

바닷속 화산이야. 바닷속에서 일어난 화산 활동으로 만들어졌지.

깊이 6,000 m 이상의 좁고 긴 골짜기야. 지구에서 가장 깊은 마리아나 해구는 깊이가 11,034 m나 돼.

한편 지구 표면은 공기로 둘러싸여 있어. 이러한 공기층을 대기라고 해. 대기가 있어 우리는 숨을 쉴 수 있고 비행기를 타고 다닐 수 있지. 또 구름이 생겨서 비나 눈이 내릴 수도 있어. 게다가 대기는 우주에서 지구로 날아오는 해로운 물질들을 막아 주기도 한단다.

- 장하다의 오답을 피하는 방법
- 나선애의 야무진 실험실
- 왕수재의 아는 척 과학교실
- 허영심의 별 헤는 밤
- 곽두기의 빅뱅 따라잡기

COMMENTS

- 마리아나 해구에 가 보고 싶다.
  - 나는 해령!
  - 나는 해산!
  - 잠수함부터 구해야 될걸?

▲ 여러 층으로 이루어진 대기

5교시 | 달의 특성

달의 뒷면은 어떻게 생겼을까?

지구에서는 달의 한쪽 면만 볼 수 있기 때문이야.

달의 무늬는 늘 똑같네요.

교과연계

초 6-1 지구와 달의 운동
중 2 태양계

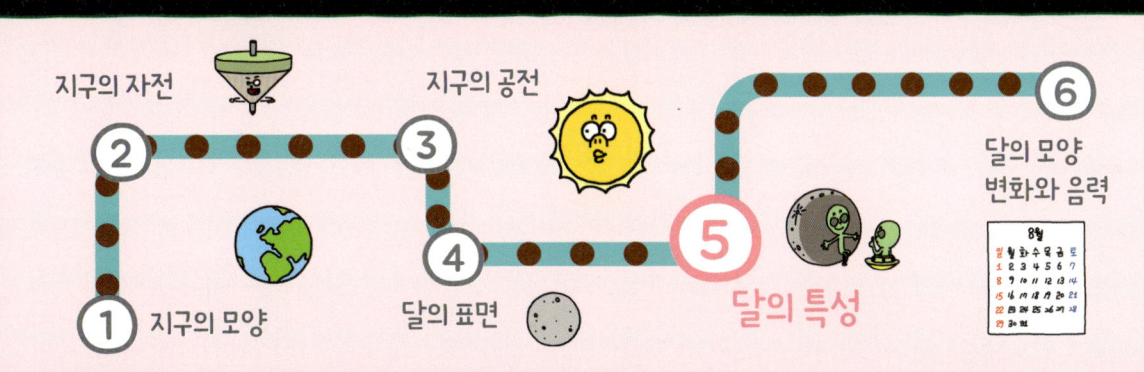

"너희 그거 알아?"

"뭔데, 장하다."

"달 뒷면에 외계인 기지가 있대."

"푸하하! 공상 과학 영화라도 봤어? 무슨 말도 안 되는 소리야?"

허영심이 쏘아붙이자 옆에 있던 곽두기가 조심스럽게 말했다.

"아냐, 누나. 나도 비슷한 얘기 들은 적 있어. 지구에서는 달의 한쪽 면만 볼 수 있어서, 반대쪽에 뭐가 있는지 알 수가 없대."

"너, 아니기만 해 봐."

그때 과학실로 들어서던 용선생이 말했다.

"두기 말이 맞아. 지구에서는 달의 한쪽 면만 볼 수 있지."

"도대체 왜 그런 거죠?"

달의 한쪽 면만 볼 수 있는 까닭

"우린 늘 달의 같은 면만 보는 셈이지. 우리가 볼 수 있는 면을 달의 앞면, 볼 수 없는 면을 달의 뒷면이라고 해."

"거참 신기하네요. 달이 뒷면에 무슨 부끄러운 거라도 숨기고 있나요?"

"하하, 그럴 리가! 그건 달이 자전과 공전을 하는 것과 관련 있어."

"어? 달도 자전과 공전을 해요? 지구만 하는 거 아니었어요?"

"달도 자전과 공전을 해. 지구랑 비슷하지? 도는 방향도 지구처럼 반시계 방향이야. 그런데 달은 태양을 중심으로 공전하는 게 아니라 지구를 중심으로 공전한단다."

▲ 달의 자전과 공전

용선생의 시끌벅적 과학교실 **85**

용선생은 숨을 가다듬고 설명을 이어 갔다.

"그런데 특이하게도 달은 자전하는 데 걸리는 시간과 공전하는 데 걸리는 시간이 같아. 약 27일 하고도 7시간이지."

"우아! 지구는 한 번 자전하는 데 하루면 되는데, 달은 자전을 엄청 느리게 하네요."

"근데 달이 자전하는 데 걸리는 시간과 공전하는 데 걸리는 시간이 같은 게 달의 한쪽 면만 볼 수 있는 거랑 무슨 상관이에요?"

용선생은 새로운 그림을 보여 주며 말했다.

"그림의 깃발을 잘 봐. 달이 자전하는 데 걸리는 시간과

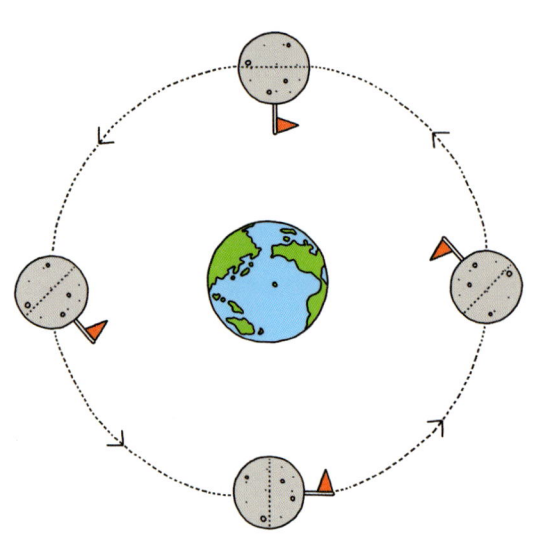

▲ 달이 자전과 공전하는 데 걸리는 시간이 다르면 지구에서 달의 여러 면을 볼 수 있어.

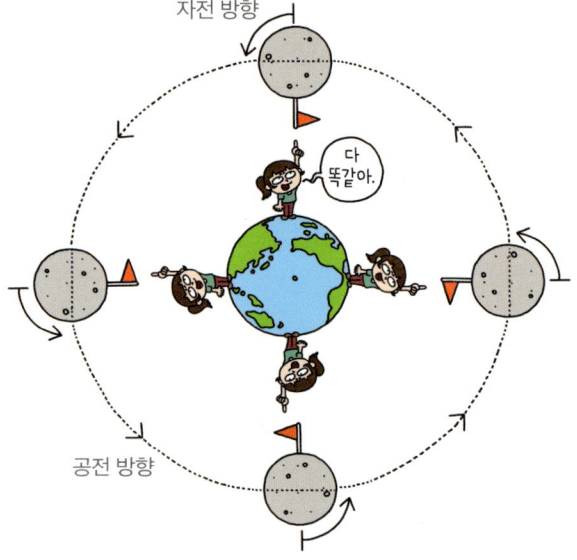

▲ 달이 자전과 공전하는 데 걸리는 시간이 같으면 지구에서 달의 한쪽 면만 볼 수 있어.

공전하는 데 걸리는 시간이 다르면 지구에서 달의 여러 면을 볼 수 있겠지. 하지만 달의 자전과 공전 시간이 같으니 지구에서는 계속 깃발이 있는 면만 볼 수 있어. 달이 공전하면서 돈 만큼 자전도 하니까 말이야."

그때 나선애가 눈을 반짝이며 물었다.

"그러면 달의 뒷면은 아무도 못 봤나요?"

"그건 아니야. 1959년에 소련의 루나 3호가 최초로 달 뒷면을 촬영하는 데 성공했어. 1968년에는 미국의 아폴로 8호도 달 뒷면을 탐사했지. 지금은 달의 전체 모습을 볼 수 있는 지도도 있는걸."

그러자 장하다가 흥분해서 물었다.

"혹시 달 뒷면에서 외계인 기지가 발견됐어요?"

"하하, 아쉽게도 달의 뒷면에 외계인 기지 같은 건 없었

▲ **루나 3호** 소련에서 달 탐사를 위해 발사한 탐사선이야.

▲ 달의 앞면

▲ 달의 뒷면

어. 대신 달의 뒷면은 앞면과는 조금 다른 모양이라는 걸 알게 됐지. 달의 뒷면에는 바다가 거의 없어. 달의 뒷면은 지각이 두꺼워서 땅속의 용암이 솟아오르지 않았거든."

"달의 뒷면이 꼭 곰보빵 같아요!"

"그게 다 충돌 구덩이야. 지구를 향해 날아오는 유성체들이 달의 뒷면에 많이 부딪혀서 그래."

"오! 달이 지구로 날아오는 유성체를 막아 준 거네요!"

"그렇지."

달은 자전과 공전하는 데 걸리는 시간이 같아서 지구에서는 달의 한쪽 면만 볼 수 있어.

 ## 달의 실제 크기는?

"사실 달은 보면 볼수록 신기해. 지구에서 볼 때 달과 태양의 크기가 거의 같게 보이는 것도 참 신기한 일이지."

"그게 왜 신기해요?"

"내 얘기를 들으면 이해가 될 거야. 일단 달, 지구, 태양의 실제 지름을 비교해 볼까? 태양은 달보다 지름이 약 400배 커."

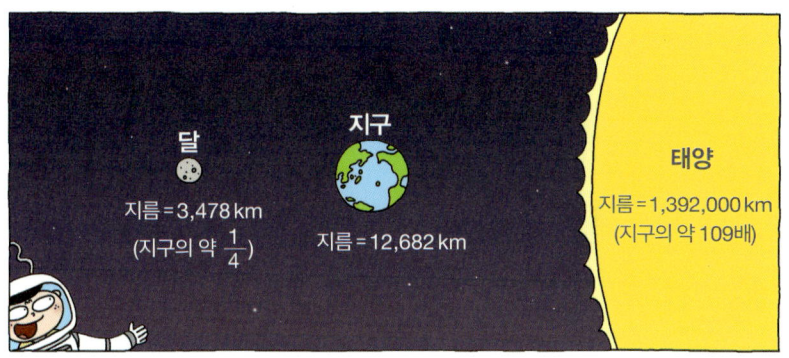

▲ 달, 지구, 태양의 지름 비교 태양의 지름은 달보다 약 400배 커.

"400배? 이렇게 많이 차이가 나요? 그런데 왜 지구에서는 비슷한 크기로 보여요?"

"지구와 떨어져 있는 거리가 다르기 때문이야. 태양은 달보다 400배 큰 대신 400배 멀리 떨어져 있지."

설명을 듣던 왕수재가 고개를 갸우뚱하며 말했다.

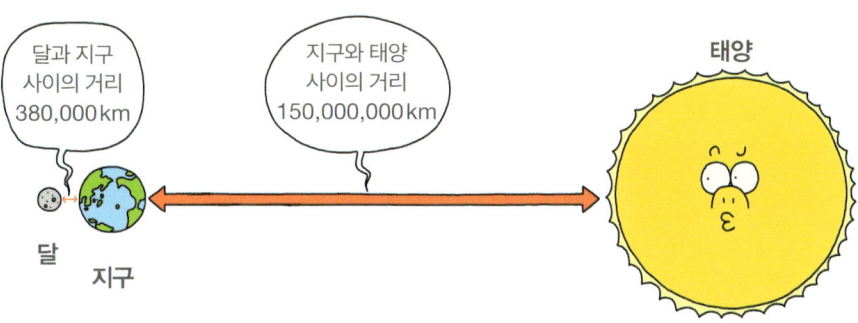

▲ 달, 지구, 태양 사이의 거리 태양은 지구에서 달보다 약 400배 멀리 있어.

"어떻게 달이 태양과 크기가 거의 같아 보이는 위치에 딱 있을 수가 있죠?"

"그러니까 보면 볼수록 신기하다는 거야! 지구에서 볼 때 달과 태양이 거의 같은 크기라는 점 때문에 가끔씩 정말 독특한 현상이 일어나."

"독특한 현상이요?"

핵심정리

지구에서 보면 달과 태양의 크기가 거의 같아. 달이 태양보다 훨씬 작지만 그만큼 지구에 가까이 있기 때문이야.

 ## 해를 삼킨 달

"바로 개기 일식이야."

"아하! 일식이라는 말은 들어 봤어요. 얼마 전에 외국에서 일식이 일어날 거라는 뉴스를 봤거든요."

"일단 일식이 무엇인지부터 알아보자. 일식은 한낮에 태양이 사라지는 현상을 말해. 사실은 태양이 사라지는 게 아니라 달에 가려지는 거지. 그림을 보면 알 수 있듯이 일

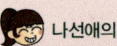

나선애의 과학 사전

일식 해 일(日) 갉아 먹을 식(蝕). 태양, 달, 지구가 일직선으로 늘어섰을 때 태양의 일부 또는 전체가 달에 가려지는 현상이야. 태양이 무언가에 갉아 먹히는 것처럼 사라지는 현상이라는 의미로 이런 이름이 붙었어.

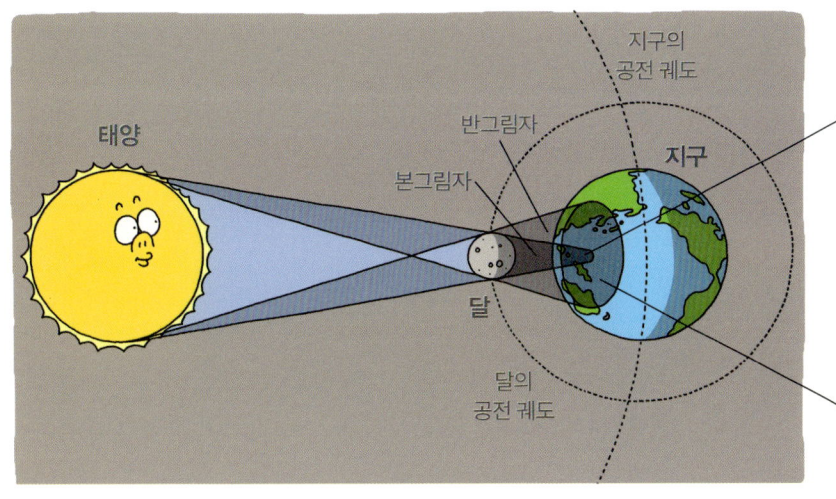

▲ **개기 일식** 본그림자 지역에서만 볼 수 있어.

▲ **부분 일식** 반그림자 지역에서 볼 수 있어.

식은 태양, 달, 지구가 일직선상에 위치할 때 생긴단다."

용선생이 일식을 나타낸 그림을 가리키며 말했다.

"지구 표면에 달 그림자가 진 게 보이니?"

"네! 그림자가 짙은 부분과 옅은 부분이 있네요."

"맞아. 그림자가 진하고 좁은 가운데 부분은 본그림자야. 이곳에서 하늘을 보면 태양이 달에 완전히 가려져서 위쪽에 있는 사진처럼 보여."

"오! 태양이 아예 시커먼 원이 됐어요!"

"이것이 바로 개기 일식이야. 개기 일식은 본그림자 지역에서만 볼 수 있는 특별한 현상이야."

"그럼 본그림자 주변에 연한 그림자는 뭐예요?"

"그건 반그림자야. 반그림자에 속한 지역에서는 태양의

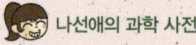
나선애의 과학 사전

위성 행성 주위를 공전하는 천체야. 달이 지구의 위성이지.

행성 다닐 행(行) 별 성(星). 별 주위를 공전하는 천체야. 태양계에는 지구를 포함해 8개의 행성이 있어. 태양계 행성의 이름은 수성, 금성, 지구, 화성, 목성, 토성, 천왕성, 해왕성이야.

태양계 태양과 태양 주위를 도는 여러 천체들, 이 천체들이 차지하는 공간을 통틀어 이르는 말이야.

일부분만 가려지는 부분 일식을 볼 수 있단다."

왕수재가 안경을 쓱 올리며 말했다.

"일식은 지구에서만 볼 수 있나요?"

"아니야. 일식은 위성이 있는 행성에서는 모두 관측할 수 있어. 하지만 위성이 태양을 완전히 가리는 개기 일식은 태양계 행성 중 지구에서만 볼 수 있지."

"아하, 지구에서 봤을 때 달과 태양의 크기가 거의 같으니까 그런 거군요. 그러면 다른 행성에서는 위성이랑 태양의 크기가 다르게 보이나 봐요?"

"맞아. 수성과 금성은 위성이 없으니 일식을 볼 수 없고, 화성에서는 재미있는 일식을 볼 수 있어. 한번 볼래?"

"우아! 저 감자 같이 생긴 건 뭐예요?"

"이 사진은 화성 탐사차인 큐리오시티가 찍은 화성의 일식 사진이야. 하얀 건 태양이고, 감자 같이 생긴 건 화성의 위성 중 제일 큰 '포보스'란다. 포보스는 크기가 작고 울퉁

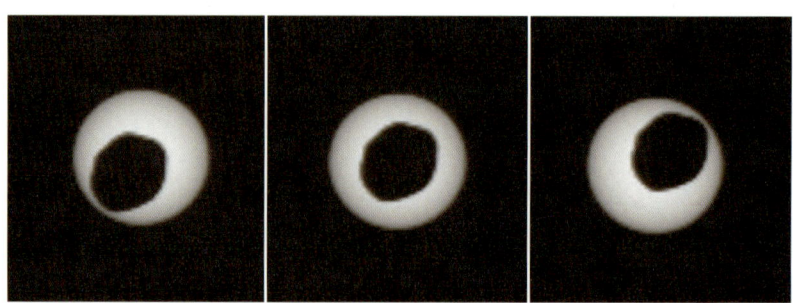
▲ 화성에서 촬영한 일식

▲ **화성의 위성** 화성에는 포보스와 데이모스라는 위성이 있어. 둘 다 울퉁불퉁한 바위 모양이지. 포보스의 평균 지름은 약 22 km, 데이모스의 평균 지름은 약 13 km야.

불퉁해서 부분 일식만 일으켜."

"저런 일식도 있구나. 킥킥!"

"하하! 목성 같은 다른 행성에서도 태양과 거의 같은 크기로 보이는 위성은 없단다."

"알고 보니 개기 일식은 정말 신기한 현상이네요."

"이렇게 특별한 달이 있는 지구에 살고 있다는 게 어쩐지 기분이 좋아요."

"하하! 그렇다면 다행이고. 오늘 수업은 여기까지!"

핵심정리

지구에서 달과 태양의 크기가 거의 같아 보여서 달이 태양을 완전히 가리는 개기 일식을 볼 수 있어.

나선애의 정리노트

1. 달의 자전과 공전
① 달은 지구를 중심으로 공전을 하는 동시에 ⓐ[　　]을 함.
② 달의 자전과 공전 방향: 지구 북극 위에서 봤을 때 ⓑ[　　] 방향
③ 달의 자전과 공전에 걸리는 시간: 약 27일 7시간으로 같음.
→ 지구에서는 달의 한쪽 면만 볼 수 있음.

2. 지구에서 보았을 때 달과 태양의 크기
① 태양은 달보다 400배 큰 대신 ⓒ[　　]배 멀리 떨어져 있음.
→ 지구에서 보았을 때 태양과 달의 크기가 거의 같음.
→ 달이 태양을 정확히 가리는 개기 일식이 일어남.

3. 일식
① 한낮에 태양이 ⓓ[　　]에 가려져 보이지 않는 현상
② 종류
  · 부분 일식: 태양의 일부분만 가려지는 일식
  · ⓔ[　　] 일식: 태양이 완전히 가려지는 일식

부분 일식　　　개기 일식

ⓐ 자전 ⓑ 시계 반대 ⓒ 400 ⓓ 달 ⓔ 개기

 # 과학퀴즈 달인을 찾아라!

●정답은 125쪽에

01

친구들이 이번 시간에 배운 내용에 대해 이야기하고 있어. 옳으면 O, 옳지 않으면 X를 표시해 줘.

① 달의 뒷면 모습은 아직 밝혀지지 않았어. (　　)
② 지구에서는 달의 한쪽 면만 볼 수 있어. (　　)
③ 지구에서 보면 달과 태양의 크기가 거의 같아. (　　)

02

천문대로 현장 학습을 간 친구들이 길을 잃어버렸어. 일식에 대한 바른 설명을 따라가면 길을 찾을 수 있대. 친구들이 길을 찾을 수 있게 도와줘!

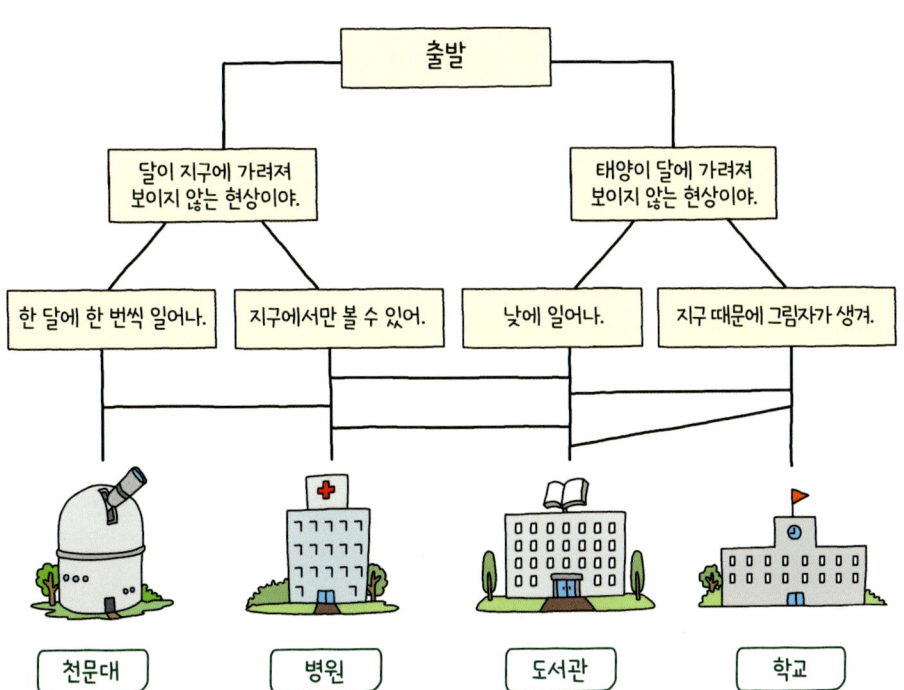

https://cafe.naver.com/yongyong

용선생의 과학 카페

과학계의 핵인싸, 용선생의 과학 카페에 오신 걸 환영합니다.

[Log in]

오늘은 어떤 재미난 지식을 올려 볼까?

MENU
물리면 아프다
화학이 화하하
생물 오징어
지구는 둥글다

달 탐사의 역사

▲ 루나 1호

지구를 제외하고 사람이 실제로 발을 디딘 천체는 달뿐이야. 과거에는 우주에 대한 호기심을 해결하고, 자기 나라의 과학 기술을 뽐내기 위해 달에 우주선을 보냈어. 달 탐사에 가장 먼저 뛰어든 나라는 소련이야. 소련은 당시 미국과 모든 분야에서 경쟁을 하고 있었지. 소련은 루나 계획이라고 이름 붙인 달 탐사 프로그램에서 여러 대의 우주선을 발사했어. 이 우주선들은 사람이 타지 않은 무인 우주선으로, 달의 뒷면을 촬영하기도 하고 달 표면에 착륙하기도 했어.

미국도 가만있을 수는 없었지. 1961년 미국의 케네디 대통령은 10년 내에 달에 사람을 보내겠다고 발표하고, 달 탐사 프로그램 아폴로 계획을 세웠어. 그리하여 1969년 아폴로 11호를 타고 간 닐 암스트롱이 최초로 달을 밟았어. 하지만 아폴로 17호까지 활발히 진행되던 달 탐사는 별안간 중단되었어. 돈이 어마어마하게 들지만 얻는 이득은 적었기 때문이지.

▶ 아폴로 11~17호가 착륙한 지점
아폴로 13호는 달 착륙에 실패했어.

그러다가 1990년대에 들어 새로운 나라들이 달 탐사에 뛰어들었어. 일본, 인도, 중국, 유럽 연합 등은 달 주위를 도는 우주선이나 달 표면을 조사하는 탐사차를 보냈지. 이러한 탐사 활동을 통해 달에 대한 과학 연구도 하고 달에 묻혀 있는 자원도 확보하려는 거야.

앞으로도 달의 자원을 두고 여러 나라들이 치열한 경쟁을 펼칠 거야. 이미 1960년대에 국제 연합(UN)에서는 '우주 조약'을 만들어 발표했어. 달을 비롯한 우주는 모든 나라에 열려 있으며 어느 나라도 가질 수 없다는 내용으로 말이야. 이 조약을 바탕으로 전 세계가 평화롭게 달 탐사를 하기 위해 노력하고 있지.

우리나라는 2022년에 달 주위를 도는 탐사선을 다른 나라의 로켓에 실어 발사했어. 가까운 미래에는 우리나라 기술로 만든 달 착륙선을 쏘아 올릴 목표도 갖고 있어. 우리나라도 달 착륙선을 갖게 된다니, 생각만 해도 설레지 않니?

- 장하다의 오답을 피하는 방법
- 나선애의 야무진 실험실
- 왕수재의 아는 척 과학교실
- 허영심의 별 헤는 밤
- 곽두기의 빅뱅 따라잡기

COMMENTS

- 우리나라 최초로 달에 착륙하는 사람이 되겠어!
  - 우주 비행사가 되려면 영어랑 러시아어를 잘해야 된대.
  - 그래? 오늘부터 열공이다!

6교시 | 달의 모양 변화와 음력

할아버지의 생신은 왜 해마다 달라질까?

"두기야, 뭐 해?"

나선애가 곽두기에게 물었다.

"응, 달력에서 할아버지 생신을 찾아보는 중이야."

"그건 왜?"

"할아버지 생신을 챙겨 드리고 싶은데, 엄마가 할아버지 생신은 음력으로 지내서 해마다 달라진다잖아. 누나가 좀 도와줘. 음력 8월 17일이라고 했는데……."

나선애는 곽두기가 건네준 달력을 받아 들었다.

"좋아. 음력은 달력에 작은 글씨로 적힌 날짜를 보면 된다고 했어."

"그래? 음력은 뭐가 다른 거야?"

"글쎄. 그건 나도 잘 모르겠는데……."

그때 갑자기 용선생의 목소리가 들렸다.

"음력이 뭔지 궁금하구나."

"오, 선생님! 우리 할아버지 생신 좀 찾아 주세요."

"그건 음력에 대해 함께 알아보고 직접 찾아보자!"

 ## 달은 변신의 달인

아이들이 모두 모이자 용선생이 말했다.

"오늘은 음력에 대해 알아볼 거야. 음력은 달과 관련이 있지. 밤하늘에서 볼 수 있는 달의 모양이 매일매일 조금씩 달라진다는 거 알고 있니?"

"네! 초승달이니 보름달이니 하는 거 말이죠?"

"맞아. 음력은 달의 모양이 매일 변하는 것과 관련이 있는데……."

그때 허영심이 손을 들었다.

"선생님, 그 전에요, 달의 모양이 매일 달라진다는 건 알고 있는데 왜 그런지는 모르겠어요."

"좋아, 그럼 그것부터 알려 주지. 달은 스스로 빛을 내지 못해. 태양계에서 스스로

▲ 스스로 빛을 내는 태양

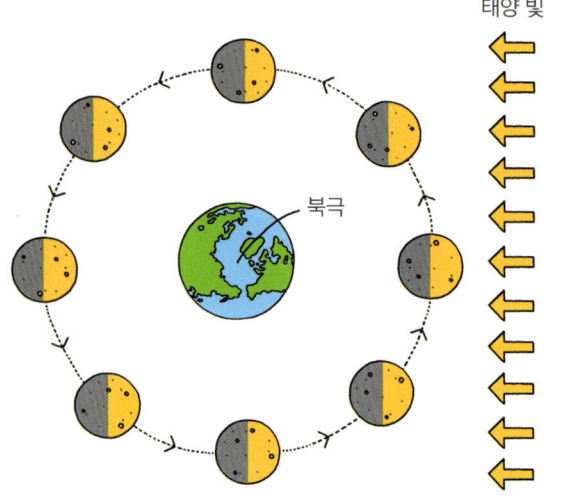

▲ 달이 태양 빛을 받는 부분

빛을 낼 수 있는 천체는 오로지 태양뿐이지. 태양계의 다른 천체들이 밝게 보이는 이유는 태양 빛을 반사해서 그런 거야. 우리는 그 천체들이 태양 빛을 받아 밝게 빛나는 부분만 볼 수 있어."

"달도 그래요?"

"그렇지. 지난번에 달이 지구 주위를 공전한다고 했지? 그러다 보니 지구에서 봤을 때 달이 태양 빛을 받아 밝게 보이는 부분이 매일 달라져."

"에이, 달이 태양 빛을 받는 부분은 일정한데 뭐가 변한

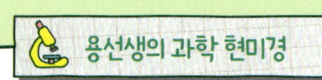 용선생의 과학 현미경

지구에 들어오는 태양 빛이 나란한 이유

지구가 태양 빛을 받을 때 태양 빛이 퍼지지 않고 한 방향으로 나란히 비쳐. 사실 태양 빛은 태양으로부터 사방으로 퍼지지만, 지구는 태양에서 아주 멀리 떨어져 있고 크기도 무척 작아서 지구에 닿는 태양 빛은 거의 나란해.

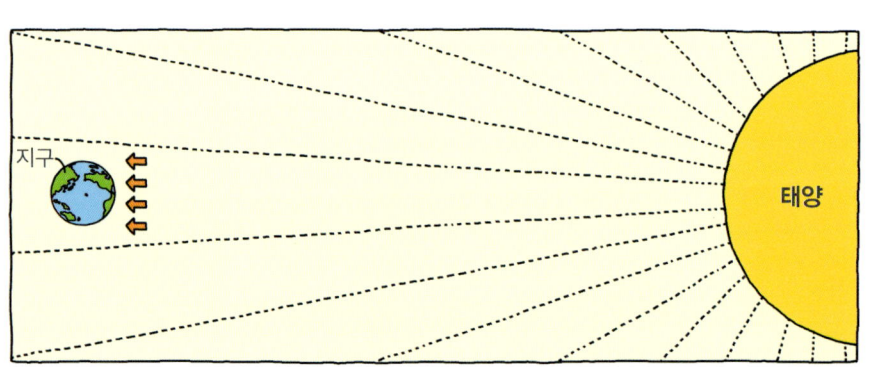

다는 거죠? 태양을 향하는 쪽은 늘 밝고, 반대쪽은 늘 어둡잖아요."

"지구 밖으로 나가 우주 멀리서 본다면 그 말이 맞아. 하지만 지구에서 볼 때에는 달이 밝게 보이는 부분이 달라지지. 예를 들어, 지구, 달, 태양 순으로 위치할 때 지구에서는 달이 태양 빛을 받는 부분을 전혀 볼 수 없어. 이것을 삭이라고 불러."

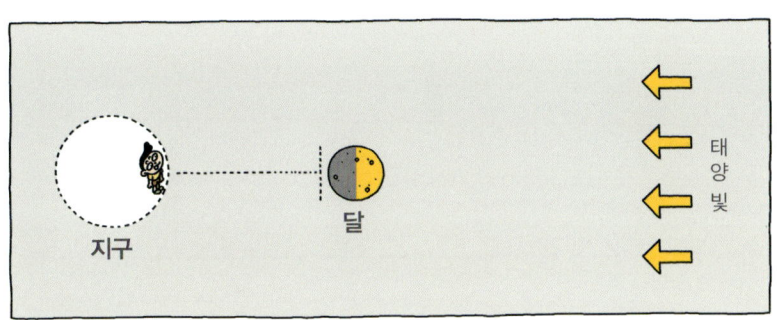

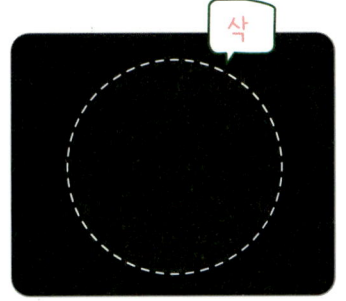

▲ **삭** 지구-달-태양 순으로 위치할 때 지구에서는 달을 볼 수 없어.

곽두기가 머리를 긁적이며 말했다.

"삭이라는 말은 처음 알았어요."

"하하, 또 알아볼까? 이번에는 태양, 지구, 달이 90°를 이룰 때를 살펴보자. 이때는 지구에서 반달을 볼 수 있어."

나선애가 용선생의 말이 끝나기를 기다려 물었다.

"선생님, 반달이 두 개인데 이건 어떻게 구분해요?"

"두 반달은 밝게 보이는 부분이 서로 반대야. 오른쪽 절

상현달

하현달

반이 보이면 상현달, 왼쪽 절반이 보이면 하현달이지."

"아하, 그렇군요."

"이번에는 달, 지구, 태양 순으로 위치할 때 달이 어떻게 보이는지 살펴볼까? 이때 지구에서는 달이 태양 빛을 받는 면 전체를 다 볼 수 있어. 흔히 보름달이라고 하지. 이것을 망이라고도 불러."

▲ **보름달(망)** 달-지구-태양 순으로 위치할 때 지구에서 볼 수 있는 달의 모습이야.

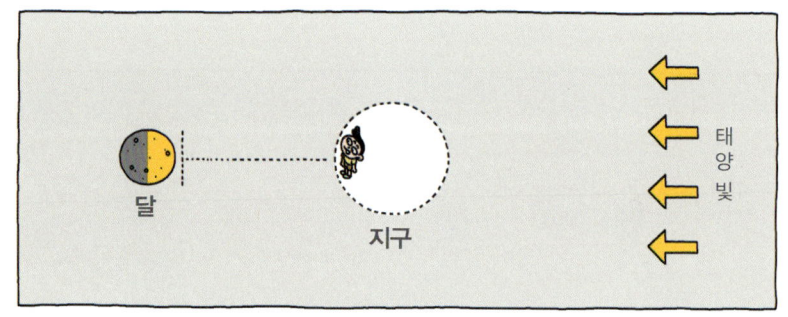

그림을 보던 왕수재가 물었다.

"어! 근데 달, 지구, 태양 순으로 위치하면 태양 빛이 지구에 가려져서 달까지 못 가지 않나요?"

"오! 예리한데? 이 그림만 보면 그렇게 생각할 수도 있어. 하지만 달의 공전 궤도와 지구의 공전 궤도는 비스듬하게 있어서 대개는 태양 빛이 지구의 위나 아래로 지나가 달에 도달하지."

왕수재가 고개를 끄덕였다.

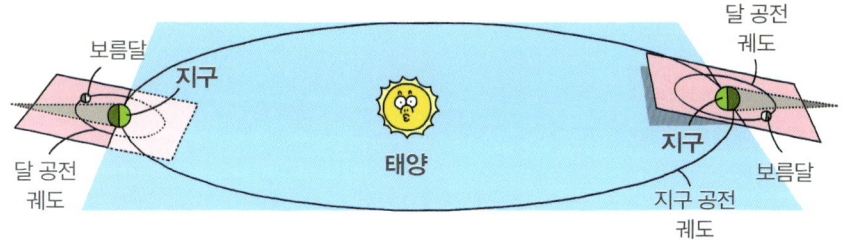

"이런 식으로 지구에서 볼 수 있는 달의 모양을 연속적으로 나타내면 아래 그림과 같단다."

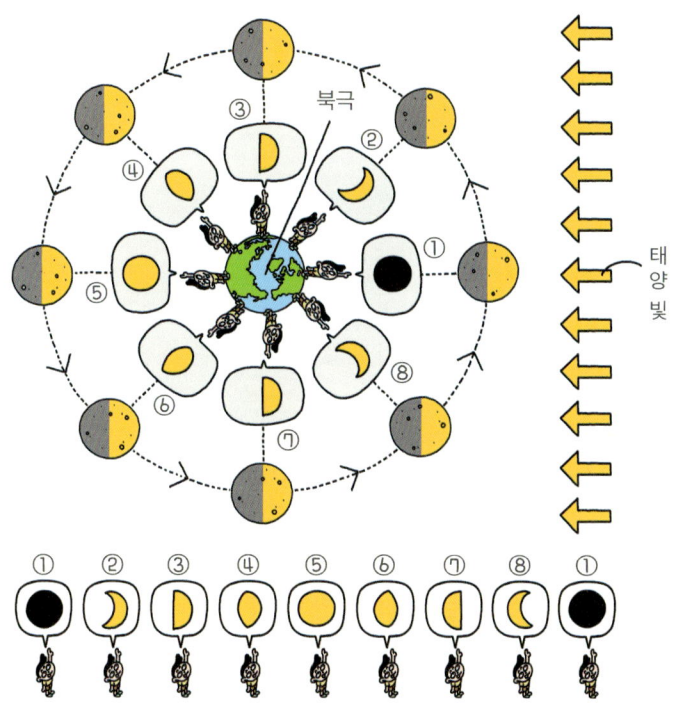

 **달의 모양 변화** 태양, 지구, 달의 위치에 따라 달라져.

핵심정리

지구에서는 달이 태양 빛을 받아 빛나는 부분만 볼 수 있어. 달은 지구 주위를 공전하므로 지구에서 보면 달이 밝게 보이는 부분이 매일 달라져.

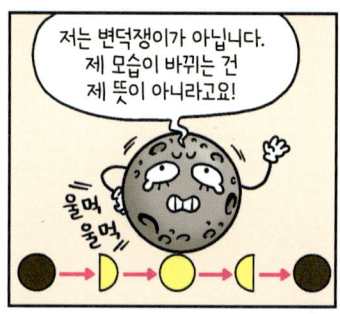

용선생의 과학 현미경

일식이 일어날 때

달의 공전 궤도와 지구의 공전 궤도는 비스듬히 기울어져 있어. 따라서 태양, 달, 지구가 완전히 일직선상에 위치해 달이 지구에 그림자를 드리우는 일식은 흔히 일어나지 않아. 고작 1년에 2~5번 정도이지. 그마저도 달의 그림자가 드리우는 지역이 바다 한복판이나 극지방, 사막인 경우가 많아서 더더욱 관측하기가 어려운 거야.

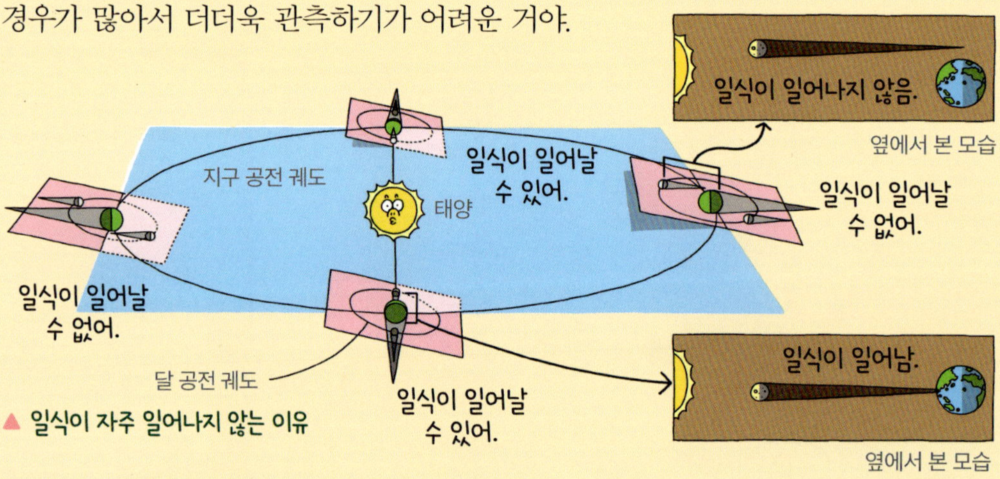

▲ 일식이 자주 일어나지 않는 이유

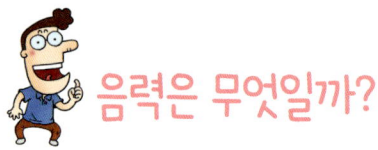 음력은 무엇일까?

"여기서 중요한 건 달의 모양 변화가 일정한 기간을 두고 반복된다는 거야. 삭은 상현달이 되고, 보름달이 되고, 하현달이 돼. 그리고 다시 삭이 되면서 똑같은 과정이 반복되지."

"정말 돌고 도네요."

"맞아. 이러한 달의 특성을 이용해서 만든 달력이 음력이야. 음력에서는 삭에서 다시 삭이 될 때까지를 한 달로 보지."

"음력은 한 달이 며칠인데요?"

"하나씩 차근차근 알아보자. 지난번에 달이 지구 둘레를 한 바퀴 도는 데 27일 7시간 정도가 걸린다고 했지? 그런데 달이 지구 주위를 공전하는 동안 지구도 태양 주위를 공전해. 그래서 지구와 달, 태양의 위치는 실제로는 아래 그림과 같이 변한단다."

"우아! 정말 어지럽게 뱅글뱅글 도는 모양이네요!"

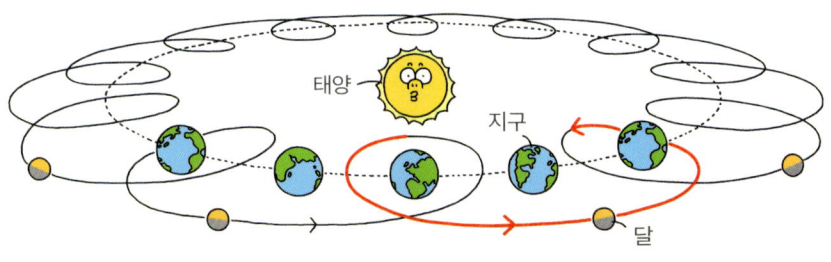

◀ **달의 실제 움직임** 달이 지구 둘레를 공전하는 동안 지구도 태양 둘레를 공전하기 때문에 달이 실제로 움직이는 길은 아래 오른쪽 그림과 같아.

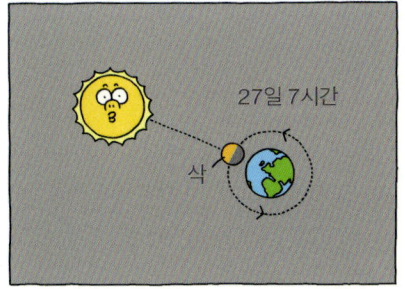
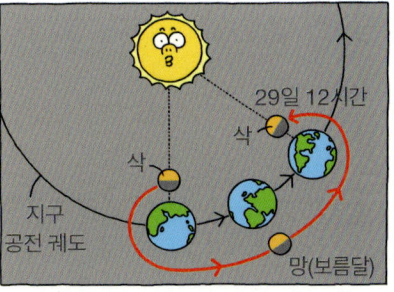

"그렇지? 달이 실제로는 이렇게 움직이다 보니 삭에서 다음 삭까지 달이 움직이는 길은 원보다 길어져. 그래서 다음 삭까지 29일 하고도 12시간 정도가 걸리지. 이게 음력 한 달이야."

용선생은 새로운 사진을 하나 띄웠다.

"응? 달의 모양에 따라 숫자가 적혀 있네요."

▼ 음력 한 달 동안 변화하는 달의 모양

"그림처럼 삭인 날을 1일로 잡으면, 상현달은 7~8일, 보름달은 15일, 하현달은 22~23일 즈음에 볼 수 있어."

"이야! 음력 한 달이 이렇게 흘러가는군요."

곽두기의 말에 용선생이 고개를 끄덕였다.

"고대 문명들을 조사해 보면 처음 사용한 달력은 대부분 음력이었어."

"어, 왜요?"

"정확한 이유는 알 수 없지만 짐작은 해 볼 수 있지. 옛날 사람들은 밤하늘의 달 모양이 바뀌는 걸 보면서 하루하루가 흘러가는 걸 쉽게 알 수 있었을 거야."

"그랬겠죠."

"게다가 달의 모양만 보면 오늘이 며칠인지도 바로 알 수 있으니까 편리했겠지. 예를 들어, 보름달이 뜬 날은 15일, 하현달이 뜬 날은 22일, 이런 식으로 말이야. 그래서 음력을 사용하는 게 쉽고 편하지 않았을까?"

핵심정리

음력은 밤하늘에서 볼 수 있는 달의 모양 변화를 바탕으로 만든 달력이야. 달이 삭에서 다음 삭으로 변하는 데까지 걸리는 기간을 한 달로 잡았어.

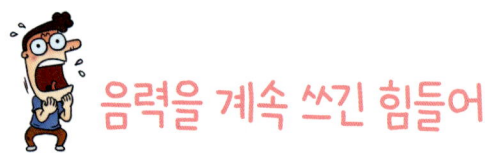 **음력을 계속 쓰긴 힘들어**

"그런데 삭에서 다음 삭까지 29일 12시간이 걸린다는데, 29일 다음에 남은 12시간은 어떻게 해요?"

"하하! 다 방법이 있지. 음력에서는 한 달의 날수로 29일이나 30일을 번갈아 가며 써. 대신 1년 열두 달 동안의 날수는 354일이 되게 하지."

1월	2월	3월	4월	5월	6월	7월	8월	9월	10월	11월	12월	합계
29.5	29.5	29.5	29.5	29.5	29.5	29.5	29.5	29.5	29.5	29.5	29.5	354
29	30	29	30	29	30	29	30	29	30	29	30	354

▲ 음력에서 사용하는 한 달 길이의 예시 29일인 달과 30일인 달은 그때그때 달라져.

곽두기가 고개를 끄덕이자 용선생이 말했다.

"지구가 태양 둘레를 한 바퀴 도는 데 걸리는 기간은 약 365일이야. 그런데 음력에서의 1년은 354일로, 11일의 차이가 있어. 그러면 큰 문제가 생긴단다."

허영심이 어리둥절한 표정을 지었다.

"어떤 문제요?"

"음력으로 날짜를 세다 보면 점점 계절과 날짜가 맞지

않게 돼. 예를 들어, 처음에는 음력 3월이 봄이었는데 시간이 지날수록 음력 3월이 겨울이 될 수도 있고 가을이 될 수도 있지. 농사가 중요했던 시절에 계절과 날짜가 맞지 않는 건 큰 문제였어. 언제 씨를 뿌려야 할지, 언제 큰 비를 대비해야 할지 알기 어려우니까 말이야."

장하다가 두 손으로 머리를 감싸 쥐며 외쳤다.

"정말 곤란하겠네요! 그럼 어떡해요?"

"그래서 서양에서는 음력 대신에 새로운 달력을 사용하기 시작했어. 지구가 실제로 태양 둘레를 한 바퀴 도는 데 걸리는 기간을 바탕으로 하는 달력이지. 이 달력은 태양을 기준으로 하니까 양력이라고 해. 바로 오늘날 우리가 쓰는 달력이지. 양력을 사용하면 매년 계절과 월이 크게 바뀌지 않아. 양력 3월은 항상 봄이고, 양력 7월은 항상 여름인 식이지."

"그럼 우리나라에서도 옛날부터 양력을 썼나요?"

"우리나라에서 양력을 쓰기 시작한 건 조선 시대 말 고종 때부터야. 그 전에는 중국의 24절기라는 걸 들여와 사용했어."

"24절기요? 들어 본 것 같기도 한데……."

"24절기에 대해 간단히 알아보자. 1년 중 봄에 낮과 밤

용선생의 과학 현미경

음력을 계절에 맞추기 위해 중간중간 한 달씩 추가하는 방법을 사용해. 정확히는 19년 동안 총 7개월을 추가하는 거지. 이때 추가된 달을 '음력 윤달'이라고 불러. 음력 윤달을 추가하면 계절과 음력 날짜가 완전히 달라지는 문제를 어느 정도 막을 수 있지만 완전히 없앨 수는 없어.

용선생의 과학 현미경

양력에서 한 달은 2월을 제외하고 30일 또는 31일이야. 이건 음력 한 달 기간에 하루나 이틀을 더해서 1년 365일과 날수를 같게 맞춘 거야.

장하다의 상식 사전

24절기 중국 주나라 때의 날씨와 계절에 맞춰 정해진 거야. 그래서 우리나라 기후와 딱 맞지는 않아.

의 길이가 똑같은 날을 춘분이라고 해. 이날을 시작으로 지구가 태양 둘레를 한 바퀴 도는 데 걸리는 기간을 24등분한 것이 24절기야. 24절기는 태양을 기준으로 하니까 계절과 비교적 잘 맞아."

"그래도 계절과 맞추려고 뭔가를 계속 만든 거 같아요. 복잡하게시리 말이에요."

 핵심정리

음력은 계절과 날짜가 맞지 않는 문제가 있어. 이 문제를 해결하기 위해 서양에서는 태양을 기준으로 정한 달력인 양력을 썼어. 우리나라에서는 중국의 24절기를 들여와 쓰기도 했지.

 ## 왜 아직도 음력을 쓸까?

곽두기가 인상을 찌푸리며 물었다.

"선생님, 그래도 이해가 안 돼요. 그냥 양력을 쓰면 되지 왜 지금도 음력을 함께 써요?"

"그건 간단해. 옛날부터 음력을 쓰던 전통이 남아 있어서 그래."

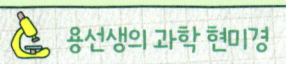 용선생의 과학 현미경

24절기를 소개합니다.

봄
- 입춘(2월 4일경): 봄이 시작되는 날
- 우수(2월 19일경): 비가 내리고 싹이 트는 날
- 경칩(3월 6일경): 개구리가 잠에서 깨는 날
- 춘분(3월 21일경): 낮이 길어지기 시작하는 날
- 청명(4월 6일경): 하늘이 차츰 맑아지는 날
- 곡우(4월 20일경): 봄비가 내리는 날

여름
- 입하(5월 5일경): 여름이 시작되는 날
- 소만(5월 21일경): 본격적으로 농사를 시작하는 날
- 망종(6월 6일경): 씨를 뿌리기 시작하는 날
- 하지(6월 21일경): 낮이 가장 긴 날
- 소서(7월 7일경): 더위가 시작되는 날
- 대서(7월 23일경): 더위가 가장 심한 날

가을
- 입추(8월 7일경): 가을이 시작되는 날
- 처서(8월 23일경): 더위가 식는 날
- 백로(9월 8일경): 이슬이 내리기 시작하는 날
- 추분(9월 23일경): 밤이 길어지기 시작하는 날
- 한로(10월 8일경): 찬이슬이 내리기 시작하는 날
- 상강(10월 23일경): 서리가 내리기 시작하는 날

겨울
- 입동(11월 7일경): 겨울이 시작되는 날
- 소설(11월 22일경): 얼음이 얼기 시작하는 날
- 대설(12월 7일경): 큰 눈이 오는 날
- 동지(12월 22일경): 밤이 가장 긴 날
- 소한(1월 5일경): 가장 추운 날
- 대한(1월 20일경): 추위가 가장 심한 날

"전통이요?"

"앞에서 말했듯이 우리나라에서 서양 문물을 받아들여 양력을 쓰기 시작한 건 조선 말부터야. 그 전까지는 음력밖에 없었지. 오늘날에는 양력이 있으니 당시에 쓰던 달력을 음력이라고 구분하지만, 옛날에는 음력이 유일한 달력이었어. 그러니 명절이나 생일 같은 날짜는 당연히 음력을 사용했지."

"듣고 보니 그렇군요."

"게다가 정월 대보름이나 추석 같은 명절은 보름달이 뜨는 날

> 용선생의 과학 현미경
>
> 정월 대보름은 음력 1월 15일, 추석은 음력 8월 15일이야.

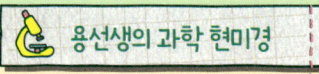

달력에서 음력과 24절기를 찾아라!

오늘날에도 음력과 24절기를 사용해. 달력을 보면 작은 글씨로 음력과 24절기가 표시되어 있지. 집에 있는 달력에서도 음력과 24절기를 한번 찾아봐.

좀 더 자세히 들여다볼까?

08 August

Sun	Mon	Tue	Wnd	Thu	Fri	Sat
	1	2	3	4	5	6
7	8	9	10	11	12	13
14 (6.15)	15	16	17	18	19	20
21	22	23	24	25	26	27
28	29 (7.1)	30 (처서)	31			

음력 날짜가 표시되어 있어. — 24절기가 표시되어 있어.

로 정해졌기 때문에 음력으로 날짜를 따질 수밖에 없지."

"아하! 간단한 이유였네요."

"맞아. 오늘날에도 음력으로 생일을 지내는 사람들이 있고, 음력 명절도 많이 남아 있지. 그런 이유로 양력으로 만들어진 달력에 조그맣게 음력 날짜도 함께 적혀 있는 거란다. 하지만 양력은 양력대로, 음력은 음력대로 날짜가 흘러간다는 점, 잊지 말도록."

설명을 듣던 허영심이 말했다.

"그럼 달력에서 음력을 찾으려면 크게 적힌 날짜는 상관 말고 작게 적힌 날짜만 보면 되네요?"

"맞아. 보통 달력에 음력은 매일 표시되어 있지 않고, 1일과 15일만 적혀 있는 경우가 많아. 중간 날짜를 알고 싶다면 순서대로 세어 보면 돼."

그러자 곽두기가 달력을 보며 날짜를 세기 시작했다.

"…… 8월 15일, 8월 16일, 8월 17일! 알았다! 올해 할아버지 생신은 양력으로 10월 3일이에요!"

"드디어 할아버지 생신을 알아냈구나! 잘 챙겨 드리렴!"

핵심정리

옛날부터 음력을 사용하던 전통이 남아 있어서 오늘날에도 음력을 사용해. 달력을 보면 양력 날짜와는 별도로 음력 날짜가 표시되어 있어.

나선애의 정리노트

1. 달의 모양 변화

① 달은 스스로 ⓐ [　　] 을 내지 못하고, 지구 둘레를 공전하고 있음.

→ 지구에서 봤을 때 달이 ⓑ [　　] 빛을 반사시켜 밝게 보이는 부분이 달라짐.

② 지구에서 볼 때 달의 모양은 반복적으로 변함.

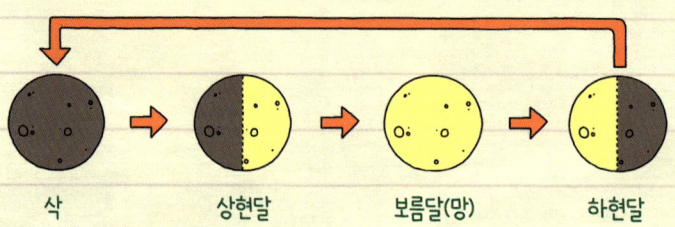

삭 → 상현달 → 보름달(망) → 하현달

2. 음력

① 밤하늘에서 볼 수 있는 ⓒ [　　] 의 모양 변화를 바탕으로 만든 달력

② 계절과 날짜가 점점 맞지 않는다는 단점이 있음.

→ ⓓ [　　] 을 사용하거나 24절기를 사용함.

③ 음력을 사용하던 전통이 남아 있어 오늘날에도 ⓔ [　　] 이나 생일 등을 음력으로 지냄.

ⓐ 빛 ⓑ 태양 ⓒ 달 ⓓ 윤달 ⓔ 명절

과학퀴즈 달인을 찾아라!

●정답은 125쪽에

01

친구들이 이번 시간에 배운 내용에 대해 이야기하고 있어. 옳으면 O, 옳지 않으면 X를 표시해 줘.

① 달, 지구, 태양 순으로 위치할 때 보름달을 볼 수 있어. (   )
② 달의 오른쪽 절반이 보이면 하현달이야. (   )
③ 추석은 음력으로 날짜를 따져야 해. (   )

02

지구에서 로켓을 타고 달까지 가려고 해. 오늘밤 달의 모양은 삭이야. 삭 다음에 달의 모양이 변하는 순서를 따라가면 방해물을 피해 달에 도착할 수 있어. 로켓이 가야 하는 길을 선으로 이어 줘.

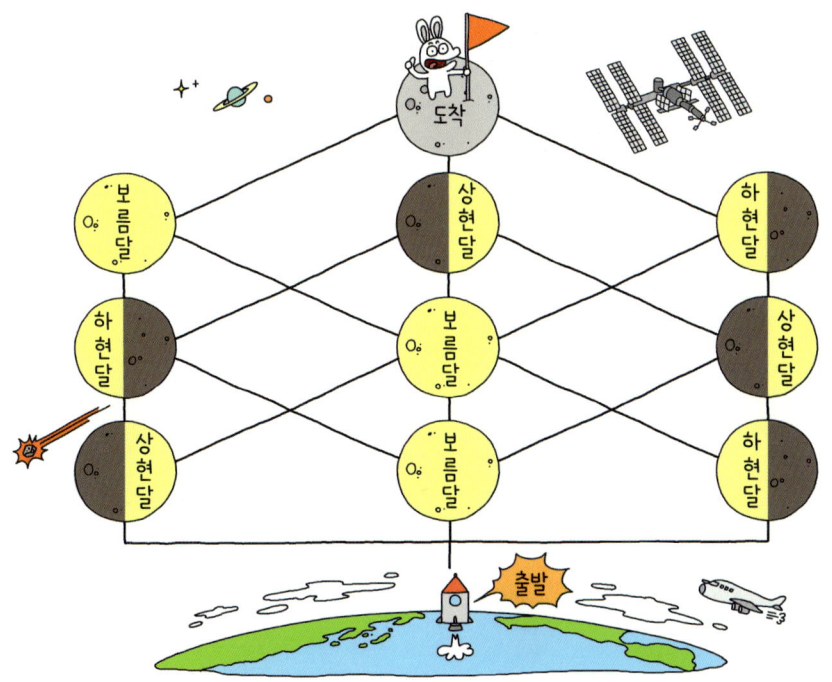

| 용선생의 과학 카페 | 용선생의 한국사 카페 | 용선생의 세계사 카페 | |

https://cafe.naver.com/yongyong

용선생의 과학 카페

과학계의 핵인싸,
용선생의 과학 카페에
오신 걸 환영합니다.

[Log in]

오늘은 어떤
재미난 지식을
올려 볼까?

MENU

물리면 아프다
화학이 화하하
생물 오징어
지구는 둥글다

밀물과 썰물이 달 때문이라고?

 달은 우리 생활에 많은 영향을 주고 있어. 하지만 뭐니 뭐니 해도 달이 우리에게 미치는 가장 큰 영향은 밀물과 썰물이지.

 밀물과 썰물? 그게 뭐예요?

 밀물은 바닷물이 육지로 밀려오는 현상이고, 썰물은 바닷물이 바다로 물러가는 현상이야. 밀물과 썰물은 대략 하루에 두 번씩 일어나.

▲ 밀물일 때 　　　　　　　　　▲ 썰물일 때

 바닷물이 밀려왔다 물러갔다 한다고요? 왜 그런 현상이 일어나는 거예요?

 밀물과 썰물은 지구와 달이 서로 끌어당기는 중력 때문에 일어나. 달이 지구를 끌어당기는 힘 때문에 바닷물이 끌려가는 거지. 바닷물이 달 쪽으로 끌려간 지역에서는 밀물이 일어나.

 그림을 보니 달과 가까운 쪽뿐만 아니라 반대쪽에서도 밀물이 일어나는데요?

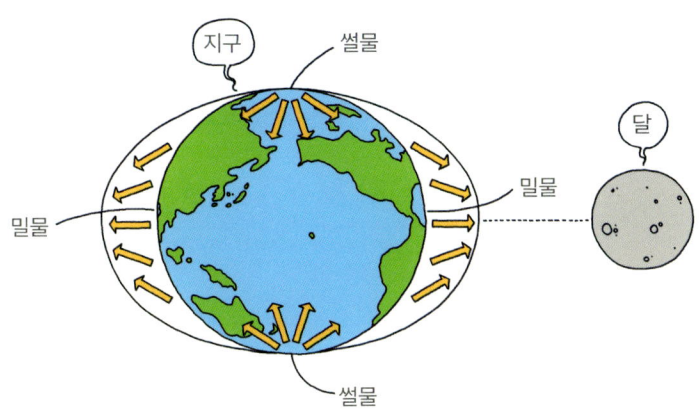

장하다의 오답을 피하는 방법
나선애의 야무진 실험실
왕수재의 아는 척 과학교실
허영심의 별 헤는 밤
곽두기의 빅뱅 따라잡기

맞아. 밀물은 달을 향한 쪽과 반대쪽에서 동시에 일어나. 달이 지구를 끌어당기는 힘은 달에 가까울수록 커져. 그림에서 달 반대쪽에 있는 바닷물과 지구의 위치를 비교해 봐. 어느 것이 달에 더 가깝지?

지구가 더 가까워요.

그렇지. 따라서 달 반대쪽에 있는 바닷물보다 지구가 달 쪽으로 더 세게 끌리고, 달 반대쪽 바다에서도 밀물이 일어나.

그럼 썰물은요?

간단해. 밀물 지역으로 바닷물을 빼앗겨서 바닷물이 빠져나가는 거야. 달과 수직을 이루는 곳에서 썰물이 일어나지.

달이 지구의 바다에도 영향을 미친다니 정말 신기하네요!

COMMENTS

- 밀물! 썰물! 바닷물이 밀당해~
  └ 나는 문제집이랑 밀당해~
  └ 썰물일 때 바닷가는 썰렁해~
  └ 네 말이 더 썰렁해~

가로세로 퀴즈

지구와 달에 관한 가로세로 퀴즈야. 빈칸을 채워 봐.
띄어쓰기는 무시해도 돼.

가로 열쇠	① 달 표면에 유성체가 부딪혀서 생긴 구덩이 ② 화산 활동으로 생긴 암석 중 하나로, 검은색을 띠고 구멍이 있음. ③ 태양계에서 유일하게 스스로 빛을 내는 천체 ④ 지구가 둥글다고 최초로 주장한 그리스의 철학자 ⑤ 1년 중 낮과 밤의 길이가 똑같은 날인 춘분을 시작으로 1년을 24등분한 것. 24○○ ⑥ 지구는 하루에 한 번 이것을 중심으로 서쪽에서 동쪽으로 자전함. ⑦ 지구에서 볼 때 태양이 달에 일부분만 가려지는 현상
세로 열쇠	① 우리가 살고 있는 행성 ② 오른쪽 절반이 보이는 반달 ③ 주로 화산이 폭발할 때 땅속의 마그마가 땅 밖으로 나온 것 ④ 지구에서 보이는 별들을 여러 개 묶어 신화 속 인물이나 동물, 물건의 이름을 붙인 것 ⑤ 망원경을 이용해 처음으로 달 표면을 자세히 관측한 과학자 ⑥ 태양을 기준으로 만든 달력으로, 오늘날 우리가 쓰는 달력 ⑦ 미국에서 달에 사람을 보낸 탐사 계획 ⑧ 지구에서 볼 때 태양이 달에 완전히 가려져 보이지 않는 현상 ⑨ 지구가 태양 둘레를 약 1년에 한 번 도는 운동

●정답은 125쪽에

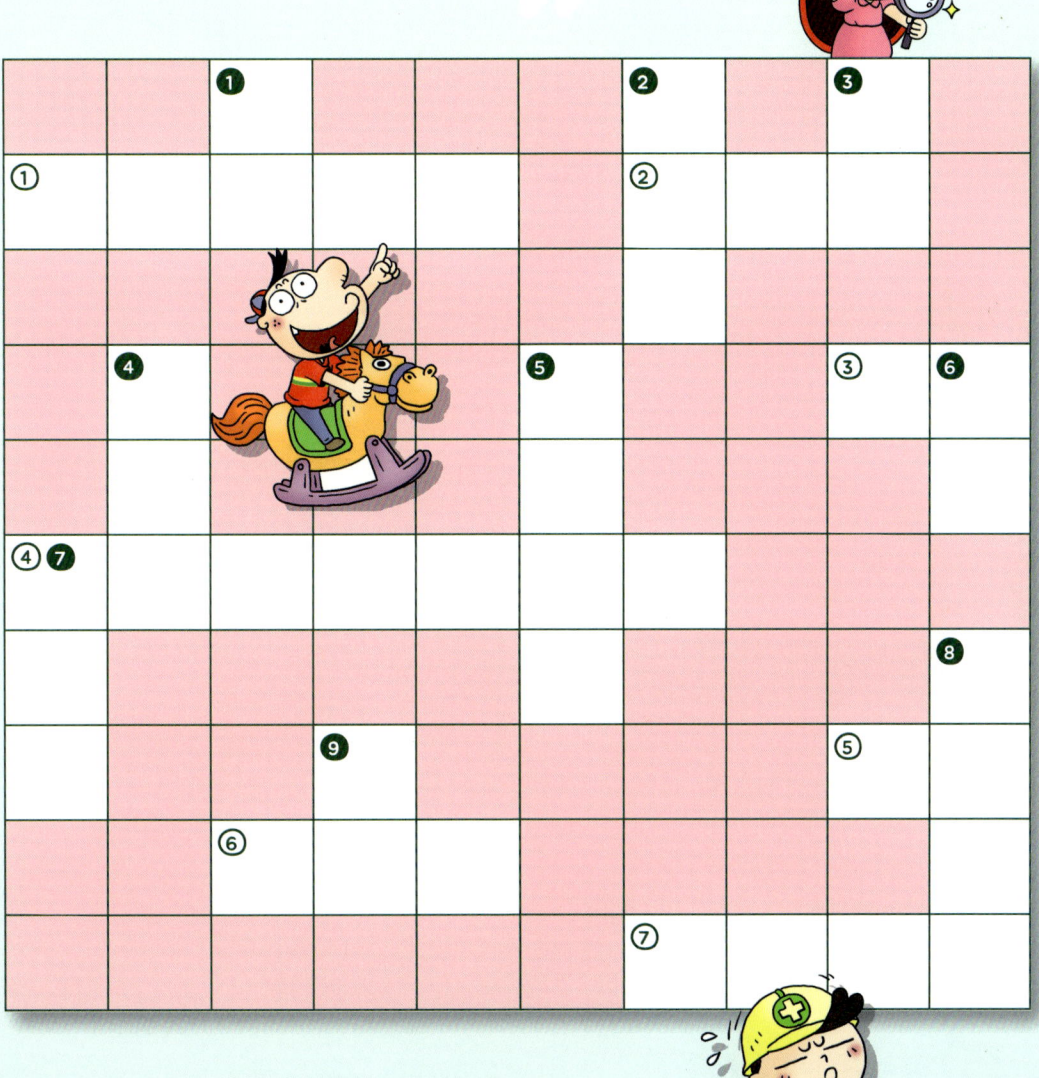

교과서 속으로

교과서에서는 어떻게 배울까?

초등 3학년 1학기 과학 | **지구의 모습**

지구와 달은 어떻게 다를까?

- 지구에는 공기가 있지만, 달에는 공기가 없다.
  - 지구의 하늘에는 구름이 있지만, 달의 하늘에는 구름이 없다.
  - 지구의 하늘에는 새가 날아다니지만, 달의 하늘에는 새가 날아다니지 않는다.
  - 지구의 하늘은 파란색이지만, 달의 하늘은 검은색이다.
- 지구의 바다에는 물이 있지만, 달의 바다에는 물이 없다.

 그래도 지구와 달 모두 둥근 모양이라는 건 같다고.

초등 6학년 1학기 과학 | **지구와 달의 운동**

지구의 자전이란?

- 지구가 자전축을 중심으로 하루에 한 바퀴씩 서쪽에서 동쪽으로 회전하는 것
  - 하루 동안 태양은 동쪽 하늘에서 남쪽 하늘을 지나 서쪽 하늘로 움직이는 것처럼 보인다.
  - 낮과 밤이 생긴다.
- 태양이 움직이는 것처럼 보이는 까닭
  - 우리가 움직이는 지구 위에 있기 때문이다. 빠르게 달리는 기차 안에서 창밖의 나무나 집이 기차와 반대 방향으로 움직이는 것처럼 보이는 것과 같은 이유이다.

 나는 지구의 자전을 느낄 수 없는 이유까지 알고 있지.

| 초등 6학년 1학기 과학 | 지구와 달의 운동 |

지구의 공전이란?

- 지구가 태양을 중심으로 일 년에 한 바퀴씩 서쪽에서 동쪽으로 회전하는 것
    - 태양과 같은 방향에 있는 별자리는 태양 빛 때문에 볼 수 없고, 태양과 같은 방향에 있지 않은 별자리만 볼 수 있다.
    - 지구가 공전하면서 태양과 같은 방향에 있지 않은 별자리가 달라진다.
      ↳ 계절에 따라 보이는 별자리가 달라진다.
      ↳ 봄철의 대표적인 별자리는 사자자리이고, 겨울철의 대표적인 별자리는 오리온자리이다.

 계절별 대표적인 별자리를 외우는 것보다는 원리를 아는 게 중요해.

| 중 2학년 과학 | 태양계 |

달의 모양 변화

- 매일 달의 모양이 다르게 보이는 까닭
    - 지구에서 볼 때 달의 위치에 따라 햇빛을 반사하여 밝게 보이는 부분이 달라지기 때문이다.
      ↳ 보이는 모양에 따라 삭, 상현달, 망(보름달), 하현달 등으로 부른다.
- 태양이 가려지는 현상
    - 지구에서 보았을 때 달이 태양의 일부 또는 전체를 가리는 현상을 일식이라고 한다.
    - 일식은 태양, 달, 지구 순으로 일직선상에 놓일 때 일어난다.

 우리가 배운 내용이 다 있어! 중학교 가서 배울 내용을 벌써 알아버렸네.

찾아보기

24절기 111-114, 116
갈릴레이 65-66
개기 일식 90-94
거문고자리 52-53, 60
고지 71
공기 69, 72-78, 80-81
공전 49-51, 53, 55-56, 58-60, 85-88, 91-92, 94, 104-107, 116
달력 100, 107, 109, 111-112, 114-116
달의 대륙 66, 71-72, 78
달의 바다 64-68, 70-72, 78
독수리자리 53
루나 87, 96
마그마 70
망 104, 107
목동자리 53
밀물 118-119
백조자리 53
별 19-21, 24, 38-40, 44, 48-49, 51, 92
별자리 20, 48-49, 51-56, 60
보름달 101, 104-107, 109, 114-116
부분 일식 91-94
북극성 40
사자자리 52-53, 60
삭 103, 106-110, 116
상현달 103-104, 106-109, 116
썰물 118-119
아리스토텔레스 14-15, 17, 24
아폴로 22-23, 67, 87, 96
안드로메다자리 53
암석 67, 72
양력 100, 111-112, 114-116

오리온자리 52-55, 60
용암 67-68, 70-72, 78, 88
운석 72, 73
운석 구덩이 73
월식 13-15, 17, 24
위성 92-93
유성체 68-74, 78, 81, 88
윤년 58-60
음력 100-101, 106-112, 114-116
일식 90-94, 106
일출 18-19
자전 31-37, 39-41, 43-44, 49-50, 85-88, 94
자전축 31-34, 40, 44, 49
처녀자리 53
춘분 112-113
충돌 구덩이 69-70, 72-74, 78, 88
큐리오시티 92-93
태양 13-15, 19, 22, 35-39, 44, 49-51, 54-56, 59-60, 65, 76-77, 85, 88-94, 101-107, 110-112, 116
페가수스자리 52-53, 60
포보스 92-93
하루 30-31, 33-34, 37-39, 43-44, 57-60, 86, 109, 111, 118
하현달 103-106, 109, 116
현무암 67-68, 70, 78
화성 92-93
회전 31

퀴즈 정답

1교시

01   ① ✗   ② ✗   ③ ○

02

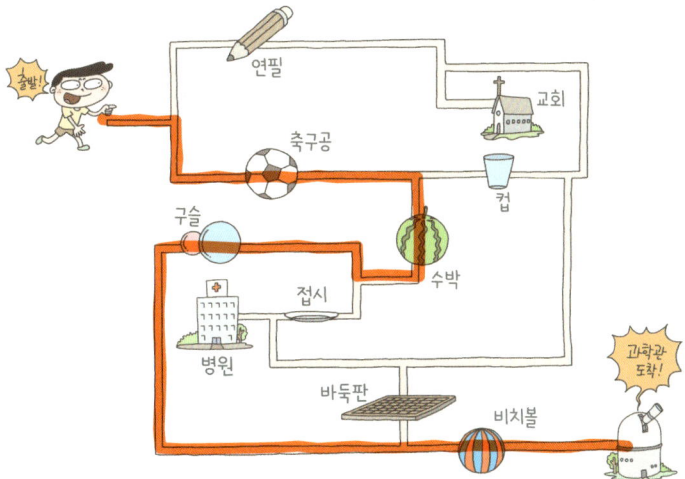

2교시

01   ① ○   ② ○   ③ ✗

02

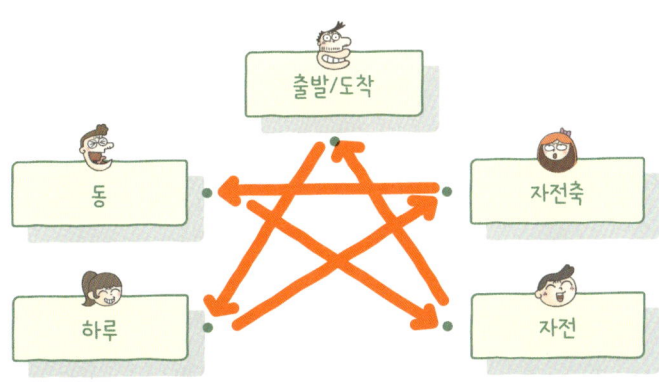

3교시

01 ① O ② O ③ X

02 👍 알았다! 비밀번호는 ⑤ ④ ⑨ ⑥ 이야!

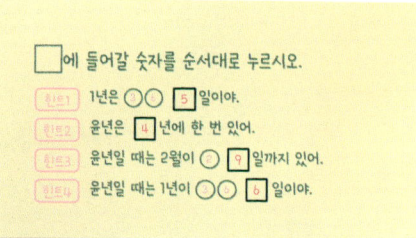

4교시

01 ① O ② X ③ O

02

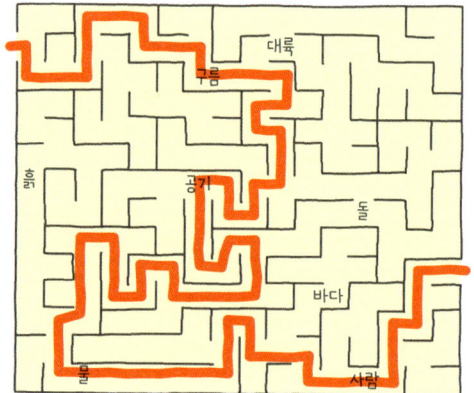

5교시

01 ① X ② O ③ O

02

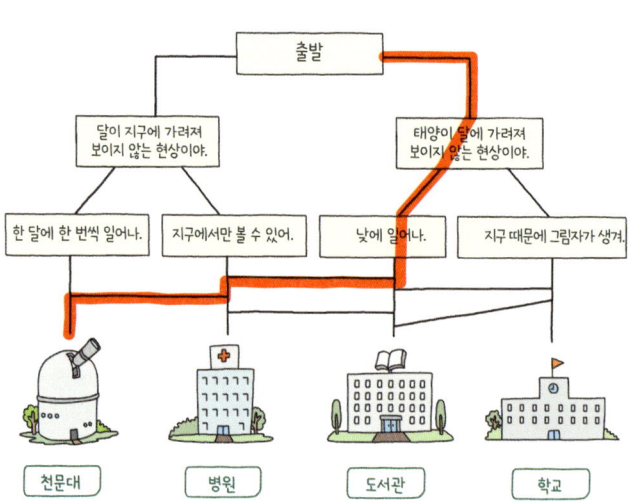

6교시

01 ① O ② X ③ O

02

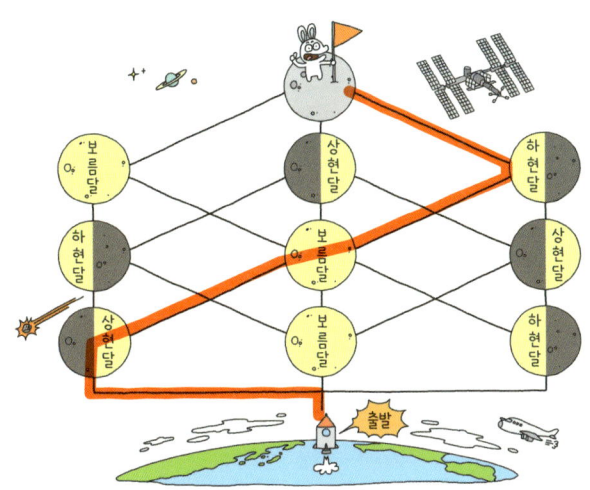

가로세로 퀴즈

		❶지			❷상		❸용	
①충	돌	구	덩	이		❷현	무	암
					달			
	❹별			❺갈		③태	❻양	
	자			릴			력	
④❼아	리	스	토	텔	레	스		
폴				이			❽개	
로		❾공				⑤절	기	
		⑥자	전	축				일	
					⑦부	분	일	식

일러두기

- 맞춤법과 띄어쓰기는 국립국어원에서 펴낸《표준국어대사전》을 따랐습니다.
- 과학 용어 표기는《2015 개정 교육과정에 따른 교과용도서 개발을 위한 편수자료Ⅲ 기초과학, 정보 편》을 따랐습니다.
- 이 책에 실린 사진은 저작권자로부터 사용 허가를 받았습니다. 저작권자와 접촉하기 위해 최선을 다했으나 불가피한 사정으로 사용 허가를 받지 못한 일부 사진에 대해서는 저작권자와 연락이 닿는 대로 게재 허락을 받고 사용료를 지불하겠습니다.
- 이 책에 실린 그림의 저작권은 별도의 표기가 없는 한 사회평론에 있습니다.

사진 제공

10-11쪽: DETLEV VAN RAVENSWAAY(SCIENCE PHOTO LIBRARY) | 22쪽: NASA | 23쪽: NASA | 62-63쪽: TurboSquid 2019 | 66쪽: 퍼블릭도메인, AISA(Bridgeman Images), Luc Viatour(https://Lucnix.be) | 67쪽: NASA | 73쪽: DAVID PARKER(SCIENCE PHOTO LIBRARY) | 74쪽: NASA | 87쪽: Gregory H. Revera, NASA, Armael | 92쪽: NASA/JPL-Caltech/Malin Space Science Systems/Texas A&M Univ. | 96쪽: RIA Novosti archive, image #510848(Alexander Mokletsov), Soerfm | 그 외: 셔터스톡

용선생의 시끌벅적 과학교실 | 지구와 달

1판 1쇄 발행	2019년 12월 20일
1판 9쇄 발행	2025년 2월 3일
글	김형진, 이명화, 설정민, 이현진
그림	김인하, 뭉선생, 윤효식
감수	맹승호
캐릭터	이우일
어린이사업본부	이승필
책임편집	최미라
편집	정세민, 이명화, 홍지예, 김미화, 최예리, 윤성진
마케팅	윤영채, 정하연, 안은지, 박찬수
경영지원본부	나연희, 주광근, 오민정, 정민희, 김수아, 김승현
아트디렉터	강찬규
디자인	가필드
사진	북앤포토
펴낸이	윤철호
펴낸곳	(주)사회평론
전화	02-326-1182
팩스	02-326-1626
주소	03993 서울시 마포구 월드컵북로6길 56 사평빌딩
출판등록	1993년 10월 6일 제 10-876호

© 사회평론, 2019

ISBN 979-11-6273-068-3 73400

- 이 책 내용의 일부나 전부를 다시 사용하려면 저작권자와 사회평론의 동의를 받아야 합니다.
- 잘못 만들어진 책은 바꾸어 드립니다.

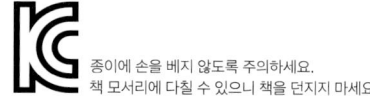
종이에 손을 베지 않도록 주의하세요.
책 모서리에 다칠 수 있으니 책을 던지지 마세요.